Rezonans Kanunu

PIERRE FRANCKH

KORİDOR

KORİDOR YAYINCILIK - 392

ISBN: 978-605-7572-18-9

YAYINEVİ SERTİFİKA NO: 49242 MATBAA SERTİFİKA NO: 72135

•

Rezonans Kanunu

Pierre Franckh

Özgün Adı: **Das Gesetz der Resonanz**

Çeviren: Bengisu Akipek

Editör: Ece Çavuşlu

Kapak uygulama: Tuğçe Ekmekçi

•

Baskı ve Cilt: Piamat Sanayi Dış Ticaret Anonim Şirketi

Son basım: Koridor Yayıncılık, İstanbul, 2024

Koridor Yayıncılık

Ömerli Mah. Harman Tepe Cad. No: 17 Kat: 4 Arnavutköy / İstanbul

Tel: 0212 – 544 41 41 / Faks: 0212 – 544 66 70

info@koridoryayincilik.com.tr www.koridoryayincilik.com.tr

Rezonans Kanunu

PIERRE FRANCKH

Çeviren: Bengisu Akipek

KORİDOR

İÇİNDEKİLER

Rezonans Kanunu'nun altında yatan olağanüstü güç
hiç şüphesiz hayatımız için en büyük keşiflerden biridir.

Eğer şu zamana kadar isteklerimiz gerçekleşmemişse,
özlemlerimiz dinmemişse, istemediğimiz şeyler
başımıza gelmiş ve bizi mutsuz etmişse ya da
yenilgilere katlanmak zorunda kalmışsak,
bu durumun anahtarını
Rezonans Kanunu'nda bulacağız.

Rezonans Kanunu'nu öğrenip
onu nasıl kullanabileceğimizi anlamaya başladıktan sonra,
hayatımızda her şey mümkün.

Kim Olmayı İsterdiniz?

Hayatta çözümler yoktur.
Hareket halindeki güçler vardır:
Bunları yaratmalısınız ki
çözümler de peşinden gelsin.

ANTOINE DE SAINT-EXUPÉRY

Eğer istediğiniz kişi olabilseydiniz, kim olmayı isterdiniz? Ya hiçbir sınır, hiçbir engel olmasaydı? Ya da hiç kimse size isteklerinizin gerçek dışı, aşırı, saçma ya da fazla iddialı olduğunu söylemeseydi? İstediğiniz kişi olabilseydiniz, bütün yollar ve kapılar önünüzde açık olsaydı, kim olmak isterdiniz?

Bu soru ilk gençlik yıllarımdan beri aklımı kurcalamıştır. Arkadaşlarım için de ne olmak istediklerini bilmek önemliydi. Bu çok da şaşırtıcı bir ayrıntı değil çünkü o zamanlar hepimiz tam da hayatımızın yönünün belirleneceği yola çıkacağımız yaştaydık.

O yaşlardayken aynı soruyu yetişkinlere sorduğumda çoğu zaman neyi kastettiğimi anlamadıklarını ve şaşırdıklarını fark ettim. Demek ki insanlar belli bir yaştan sonra kendilerine 'kim olmak istediklerini' sormayı bırakıyordu.

Öte yandan benim için bu soru hiçbir zaman önemini kaybetmedi. Şu an bu soruyu kendime hiç olmadığı kadar çok soruyorum. Çünkü bu soruya verdiğim cevap hayatımı tamamen etkiliyor. Bu cevap isteklerimi, kararlarımı, yargılarımı, inançlarımı ve gelişimimi belirliyor. Hatta çevrem bile bu soruya göre değişiyor; sonuçta tüm hayatım bu sorudan hareketle şekilleniyor.

Bugün bile, bu soruyu *yetişkinlere* sorduğumda sadece anlamsız bakışlar ve şaşkınlıkla karşılaşıyorum ve bu bana tuhaf geliyor. Bu konu hakkında düşünme *fikri* bile birçok kişi tarafından aptallık olarak görülüyor. İnsanların çoğu bu konuya artık kafa yormuyor bile. Peki neden? Ne olursa olsun hayatımızı değiştiremeyeceğimize ikna olduğumuzda bu konuda düşünmek de anlamsız hale geliyor.

Ne yazık ki, bu düşünceyi bir kere kanıksadıktan sonra hayatımızı değiştiremeyecek duruma geliyoruz ve kaderimiz belirlenmiş oluyor! Çünkü hayatımızın senaryosunu yazan işte tam da bu düşünceler!

Kuantum fiziğinin, kuantum biyolojisinin, modern matematiğin ve epigenetiğin* bulguları sayesinde, istediğimiz kişiye dönüşmemizi sağlayan etkinin, inancın gücü olduğu gittikçe daha belirgin şekilde ortaya çıkmaktadır: Sağlıktan hastalığa, bağışıklık sisteminden hormon metabolizmasına, kendi kendimizi iyileştirme gücümüzden mutluluğa ne kadar yatkın olduğumuza kadar her şey bu şekilde belirlenir.

Gerçek sınırlar sadece kafamızın içindedir. Geri kalan her şey için önümüzde sonsuz olasılıklar uzanır. Bu durumun asıl muhteşem yanı ise bu aydınlanma sayesinde bu düşüncenin sadece bizim inancımızdan veya bir meydan okumadan ibaret

* Epigenetik, gen aktivitesini düzenleyen mekanizmalarla ilgilidir.

olmadığının anlaşılmasıdır. Burada da göstereceğimiz gibi bu fikir sadece bir inanç olmaktan çıkıp bilimsel bir hale bürünmektedir.

Araştırmalar, inançlarımızın sadece *kendi* hayatımızı değil, etrafımızdakilerin hayatını bile etkilediğini göstermektedir. Düşüncemizin ve hislerimizin gücüyle hayatımızda görmek istediğimiz bütün değişimleri gerçekleştirme imkanına sahibiz.

Yeni inancımız sayesinde DNA'mızı bile değiştirebilir, kendi kendimizi iyileştirme gücümüzü tetikleyebilir, hayatımıza mutluluk ve neşe getirebilir ve bize mümkün görünen her şeye ulaşabiliriz.

İmkansız, sadece onu kabullendiğimizde var olur.

Belki şu an siz de sınırsız imkanların imkansız olduğuna ikna olmuş durumdasınız. Bu doğru veya yanlış, iyi veya kötü bir şey değil. Bu sadece sizin inancınız ve hayatınız da işte tam olarak bu doğrultuda gelişecek.

Ama ya inançlarınız ve dünya algınız yanlış olgu ve bilgiler üzerine kuruluysa?

En yeni bilimsel bulgular düşüncelerimiz, duygularımız ve inançlarımız sayesinde her şeyi yapabileceğimizi kesin olarak kanıtlıyor. Çünkü zamanla artan ve duygularımızla desteklenen inançlarımız güçlü bir rezonans alanı oluşturuyor. Ve bu dünyada bu rezonans alanıyla uyumlu bir şekilde titreşen her şey bu titreşimin etkisi altında kalarak en sonunda ona uyum sağlıyor.

O zaman asıl soru şu: Siz nasıl bir rezonans alanı oluşturuyorsunuz? İşte, konunun merkezi tam olarak burası.

İstediğiniz kişi olabilseydiniz kim olmayı isterdiniz?

Ve sizi bundan alıkoyan nedir?

1. BÖLÜM

DÜNYAYI DEĞİŞTİREN KEŞİFLER

Her Devrin Kendine Özgü Bir Gelişimi Vardır

Ya bütün inançlarınız yanlış olgu
ve bilgiler üzerine kuruluysa?

Kitabın bu ilk bölümü, sağduyunuza bir meydan okuma gibi görünebilir, çünkü burada açıklanacak fikirler şimdiye kadar iddia edilenden tamamen farklı bir gerçeklik algısına dayanır. Bu yüzden bu fikirlere ilk başta direnç gösterecek olursanız şaşırmayın. Bu direnç ortaya çıktığında, burada anlatılacak olanlara inanmayabilir, bunları anlamayabilir ya da kayıtsız şartsız görmezden gelebilirsiniz. Mantığınızın hangi tepkiyi vereceği aslında hiç önemli değil. Önemli olan, şimdi okuyacaklarınızın uzun zamandır bilimsel olarak kanıtlanmış olması.

Sizi rahatlatacaksa şunu söyleyeyim: Benim bile bu düşünme biçimini özümsemem uzun zaman aldı.

Eğer mantığınızla bu yeni bilimsel bulguları kavramakta zorlanırsanız, sabırsız davranmayın.

Her devir kendine özgü bir şekilde gelişir ve yeni sınırlar keşfeder. Bizim yapacağımız da tam olarak bu sınırları bulmak.

Sonuçta, bilinçteki bu dönüm noktasında yer almak oldukça heyecan verici. Çünkü yeni bulgular Rezonans Kanunu'nun neye dayandığını ve amaçlarımıza ulaşmak için *etkili bir şekilde nasıl istekte bulunabileceğimizi* açıkça ortaya koymaktadır.

Rezonans Tam Olarak Ne Demektir?

Rezonans = Eko, Yansıma
Titreşim

Rezonans Kanunu sayesinde, evrendeki her şeyin titreşimler aracılığıyla birbiriyle etkileşime geçtiğini anlıyoruz. Dünyadaki her şeyin ve her canlının kendine özgü bir titreşimi vardır. Bu, vücudumuzdaki bütün organlar ve hücreler için de geçerlidir. Aynı kanun, maddeleri de kapsar. Maddeyi kendi titreşim enerjisi açısından incelediğimizde farklı nesnelerin farklı frekanslarda titreştiğini saptarız. Bazı nesneler aynı veya benzer frekansta da titreşir.

Piyanoda şunu gözlemleriz: Tuşlardan birine bastığımızda tüm teller bastığımız notayla bir rezonans alanı oluşturur ve bunun sonucunda basılan notayı tanıyıp ona uyum sağlayarak titreşirler. Notalar biraz daha tiz veya pes olabilir, ancak kendi rezonanslarını bulduklarında titreşime geçerler.

İnsanlar, eşyalar ve olaylar bizimle aynı frekansta olduklarında, titreşim alanımızdan uzaklaşamazlar.

Bu duruma tepki vermek zorunda kalır ve gerçekten de tepki verirler.

Tıpkı piyanonun diğer tellerinin basılan telle uyum içinde titreşmekten başka şansının olmaması gibi, insanların, eşyaların ve olayların da bizimle aynı rezonans alanına girdiklerinde titreşmekten başka seçenekleri yoktur.

Peki, diğer şeylerin de bizim enerjimizle titreşmesinin avantajı nedir?

İşte burada Rezonans Kanunu'nun en önemli ikinci kuralı devreye girer:

Benzer olan her zaman benzerini çeker.

Bizimle titreşen her şey, karşı konulmaz şekilde hayatımıza çekilir.

Bu, bizim için her zaman olumlu bir şey olmayabilir. Bazen titreşim o kadar güçlüdür ki maddeyi yıkabilir. Mesela bir opera sanatçısı sadece sesiyle bir bardağı kırabilir. Kendisiyle bardak arasındaki alandan enerjiyi bardağa aktarır. Eğer aktarılan enerji bardakla aynı titreşime sahipse, yani bardağın moleküler yapısıyla aynı doğal frekanstaysa, bu enerji yüklenmesi bardağı patlatacak kadar güçlü olabilir.

Tabii, biz bardak gibi parçalanmayız. Ama içimizde taşıdığımız 'negatif' titreşim enerjisi, hoşumuza gitmeyen alanlarda titreşime neden olabilir veya hayatımıza kötü, hatta travmatik olayları çekebilir.

Bu yüzden tam olarak hangi titreşim aralığında yer aldığımızı ve bilinçli ya da bilinçsiz olarak hangi rezonans alanını yaydığımızı bilmek bizim için çok önemlidir.

İsteklerimizi Gerçekte Nasıl Yayıyoruz?

Önyargıları parçalamak, atomu parçalamaktan zordur.

ALBERT EINSTEIN

İnsanlığın hafızasında kalp, aşkın en güçlü simgesi ve duygularımızın merkezi olarak kabul edilmiştir. Ancak modern bilim ve tıp, kalbin sadece vücudun dolaşım sistemine kan pompalayan bir organ olduğuna bizi inandırmaya çalışır. Bizim, yani 'sıradan insanların' buna karşı çıkmak için bilimsel argümanları olmasa da, kalbin duyguların merkezi olduğu düşüncesi bizim için daha baskın çıkmaktadır. Bunu destekleyen sözlerden bazıları şöyledir: "Kalbi bu acıya dayanamadığından öldü," ya da "Bunu soracak yürek yok onda..." Burada 'yürek' derken, amacına ulaşacak 'cesareti' olmadığı kastedilir. Cesaret ve kalp kelimeleri aynı Latince kökten (cor)gelir. Kalp kelimesi aynı zamanda inanç kelimesiyle de akrabadır.

Bu ifadenin ne kadar doğru olduğu ve bilimin ne kadar yanıldığı, 1993 yılında yapılan şaşırtıcı keşiflerle ortaya konulmuş, ancak halka hiçbir zaman tam olarak ulaşamamıştır. Bilim bazen hatalarını kabul etmekten kaçınır.

1991'de kurulan ve tüm dünyada devrim niteliğindeki keşifleriyle tanınan HeartMath Enstitüsü,* duygusal psikoloji

---

* Heyecan verici keşifler hakkında ayrıntılı bilgi edinmek isteyenler HeartMath Enstitüsü'nün web sitesini ziyaret edebilirler. www.heartmathbenelux.com/index.php?lang=de

ve kalp-beyin ilişkisi hakkında köklü çalışmalar gerçekleştirmiştir. Örneğin 1993'te duyguların insan vücudu üzerindeki etkisini incelemek üzere, duygularımızın ortaya çıkmasından sorumlu olduğunu varsaydığımız bölgeye, yani kalbe odaklanmışlardı. Daha ilk incelemelerden itibaren çok şaşırtıcı bir bulguyu ortaya çıkararak bunun daha önce nasıl olup da keşfedilmediğine hayret etmişlerdi: Kalp, yaklaşık iki buçuk metre çapında güçlü bir enerji alanıyla çevrelenmişti!

Şunu bir düşünün: Kalp, beynin enerji alanından çok daha geniş bir enerji alanı yaymaktadır! O zamana kadar bilim, tüm elektromanyetik tepkileri temel alarak beynin vücuttaki en fazla enerji yayan kaynak olduğunu kabul etmekteydi ama şimdi çok daha büyük bir enerji alanı söz konusuydu; bu alan o kadar güçlüydü ki etkisi insanın vücudunun dışına kadar yayılıyordu. Kalbin yaydığı enerjinin ölçülenden çok daha geniş bir alanı kapsadığı varsayılmasına rağmen, günümüzde hâlâ yetersiz olan ölçüm araçları daha gelişmiş sonuçların alınmasına engel oluyor.

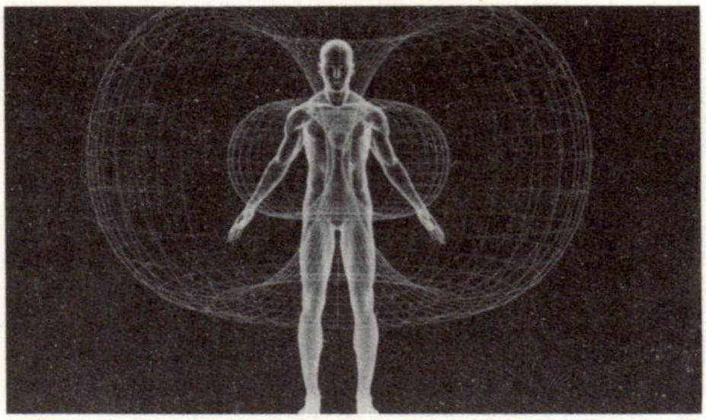

İnsan kalbini çevreleyen elektromanyetik alanın temsili. Bu alan sadece vücuttaki her hücreyi değil, vücudun dışındaki alanı da kapsar.*

* Gregg Braden, *İlahi Matrix ile Uyum İçinde*, KOHA Yayıncılık.

İlk şaşkınlığı üstümüzden attıktan sonra hemen kendimize kalbi çevreleyen bu enerji alanının aslında ne anlama geldiğini sorarız.

Buraya kadar toplanan özellikler şaşırtıcı olduğu kadar dikkate de değerdir:

Kalp tarafından üretilen elektromanyetik alanlar vücudumuzdaki diğer organlarla iletişim kurar.

Beynin vücutta hangi hormonları, endorfinleri ve diğer kimyasal maddeleri üretmesi gerektiğini belirleyenin kalp olduğu ve bunu da beyinle arasındaki bir bağlantı sayesinde gerçekleştirdiği bile kanıtlanmıştır.

Beyin kendi kendine çalışmaz, çalışmak için kalpten sinyaller alır.

Yani bütün bilgileri ileten kalptir! Ama kalp, beyinle ve organlarla nasıl 'iletişim kurar?'

Bu ilk araştırmayı takip eden çalışmalarda, tüm bilgilerin *duygular* aracılığıyla aktarıldığı keşfedilmiştir. Yani vücudumuzun her an neye ihtiyaç duyduğunu beyne ve organlara ileten bütün bilgiler duygularımızdadır.

Hepsi bu kadar da değil. Bu araştırmalar derinleştirildiğinde kalbin yaydığı elektromanyetik alanın sadece duygularımızla değil, aynı zamanda inançlarımızla da inşa edildiği bulunmuştur. Yani derinden inandığımız ve hayatımıza yön veren düşünceler de bu alanı etkiler! Tüm bunlar kalbimizin yaydığı enerjideki bilgiler halindedir ve bedenimizdeki en güçlü yayılma enerjisiyle sadece beynimize ve organlarımıza değil, aynı zamanda dünyanın uzak köşelerine kadar iletilirler. Bu kadim gerçek kendine birçok deyimde de yer bulur: "Hakkını tüm kalbiyle savundu," "Bunu yürekten diledi," ve tabii ki "Kalbinin sesini dinledi."

Kalbimiz, tüm inançlarımızı ve hislerimizi elektromanyetik dalgalarla titreşimlere dönüştüren bir araç gibi çalışır.

Ve bu elektromanyetik dalgalar sadece bedenimizle sınırlı değildir; tüm çevremize ulaşır ve etrafımızı saran her şeyle etkileşime girer.

Kalbimiz tüm inançları, fikirleri ve duyguları titreşimler ile dalgalardan oluşan başka bir dile çevirir ve bunları yayar.

Kalbimizden yayılan elektromanyetik dalgalar sayesinde inançlarımız fiziksel dünyayla etkileşime geçer.

HeartMath Enstitüsü'nün araştırmaları bu yayılan enerjinin yoğunluğunu göstermiştir.

- Kalp atışının elektriksel yoğunluğu (Elektrokardiyografi-EKG) beynin elektriksel yoğunluğundan (Elektroensefalografi-EEG) 60 kat fazladır.
- Kalbin manyetik alanı beyninkinden 5000 kat daha güçlüdür.

Bu yüzden kalbimizle, beynimizle yaydığımızdan çok daha büyük bir enerji yayarız.

Bunu bilmek neden bu kadar önemli? Çünkü bunu bildiğimizde, neden bazı isteklerimize kolayca ulaşabiliyorken, bütün çabamıza ve titiz imgelemelere rağmen bazı isteklerimizi hayatımız boyunca gerçekleştiremediğimizi sonunda anlayabiliriz.

- Eğer isteklerimizin gerçekleşebileceğine duygusal olarak ikna olmadan olumlamaları sürekli kendi kendimize tekrar edersek ya da isteklerimizi zihnimizde imgelersek, gerçek duygu merkezimiz olan kalp yerine sadece beynimiz elektromanyetik dalgalar yayacaktır. Kalbimiz ise 5000 kat daha güçlü şekilde dünyaya gerçek inançlarımızı, yani çoğunlukla şüphelerimizi ve korkularımızı yayacaktır. Sonuç açıktır: Sadece tüm kalbimizle inandığımız şeyler tam anlamıyla gerçekleşecektir.

Eğer inançlarımızı duygularımızın gücüyle güçlendirirsek, yayılan enerji kıyaslanamayacak kadar büyük olacaktır. Üzgün ve depresif bir ruh halinde ya da enerjimizi çekip alan bir boşlukta olsak bile isteklerimizin peşinden gidebiliriz, ancak mutsuzluğa neden olan duyguların kalpten yayılan gücü yine de mantığımızdan kaynaklanan isteğin gücünden oldukça fazla olacaktır.

Peygamberler, bilgeler ve günümüzdeki büyük öğretmenler, geçmişte olduğu gibi 'kalbimizle görmeyi' öğrenmemiz gerektiğini tekrarlamaktan vazgeçmezler.

Kalbimizle dünyayı değiştirebiliriz.

Bu dünyadaki ruhani liderler ve kutsal kitaplar bize inancın dağları yerinden oynatacağını bildirmektedir ve bu bilgi günümüzde daha derin ve özellikle de daha bilimsel bir boyut kazanmıştır.

Sadece gerçek inanç, dünyamızda yeni şeyler yaratma gücüne sahiptir.

İnandığımız şey gerçekleşir, çünkü inançlar kalpten yayılan, ölçülebilir en güçlü enerjiye sahiptir.

- Kalp beyne hangi hormonları, endorfinleri ve kimyasalları salgılaması gerektiğini bildirir.
- Kalp vücudumuzdaki en güçlü enerji kaynağıdır. Yaydığımız en güçlü elektromanyetik enerjiyi kalp üretir.
- Kalpten gelen elektromanyetik dalgalar, duygularımız ve inançlarımız tarafından oluşturulmuştur. Bu dalgalar ister pozitif ister negatif olsun, dünyaya çok büyük bir enerjiyle yayılır.
- Kalp, inançlarımızı dalgalara dönüştüren, başka bir dile çeviren ve onları çok büyük bir enerjiyle yayan bir araçtır.
- Yani inançlarımız vücudumuzdan yayılır ve Rezonans Kanunu'na göre kendileriyle uyumlu frekansta bulunan bir enerji arar.
- Benzer olan benzerini çeker. Bizim enerjimizle rezonans halinde olan her şey hayatımızda gerçekleşir. Başka bir deyişle, inandığımız şeyler hayatımızda gerçekleşecektir.

Önemli olan, bir şeyi isterken aşağıdaki noktaları göz önünde bulundurmaktır:

- Ne istiyor olursanız olun, bunu mantık seviyesinden kalp seviyesine çekerek aktarın.
- Eğer isteklerimiz gerçekleşecekse, onların gerçekleşeceğine her zaman ikna olmalıyız.
- Eğer isteklerimiz gerçekleşecekse, onlar henüz gerçekleşmeden mutlu bir ruh haline bürünmeliyiz.

Bilincimizi hedeflediğimiz şekilde yönetebildiğimiz takdirde, gerçekleşmesini istediğimiz şeylerin rezonans alanına girebiliriz.

Sadece tüm kalbimizle inandığımız şeyler hayatımızda gerçekleşebilir. Bu en başta *kendimize dair* neye inandığımızla ilgilidir. Kim olduğumuza dair düşüncemiz yaşadıklarımızı belirler. İsteklerimizi ancak tüm gücün dışarıdan bize ulaşmak yerine, içimizden dışarıya yayıldığını anlamaya başladıktan sonra gerçekleştirebiliriz. Böylece dış dünya her zaman iç dünyamızdaki bilincimizi yansıtır.

Kapasitemizi ve düşüncelerimizi
nasıl kullanacağımızı öğrenmek zorunda değiliz,
ancak bunu yapabilecek güce sahip olduğumuzu
öğrenmeliyiz.

İnançlarımız Dış Dünyamızı Değiştirmeyi Nasıl Başarıyor?

İki şekilde yanılgıya düşeriz.
Ya gerçek olmayan bir şeye inanırız
ya da gerçeğe inanmayı reddederiz.

SÖREN KIERKEGAARD

Diğerlerinden ayrı olduğumuz bilinciyle büyüdük. Bu da ister istemez bir tecrit ve yalnızlık hissi doğurdu. Farklı eşyalara ve olaylara 'tesadüfen' denk geliyormuş gibiydik. 'Biz' ve dünyanın geri kalanı birbirimizden ayrıydık. Bu dünya algısı o kadar aşikar hale geldi ki duygusal olarak kötü hissetsek bile, kendi kendimize soru sormayı bıraktık. Böylece hayatımız bu kesinlik içinde akıp geçerken, çoğu zaman bu düşüncemizin onaylandığını gördük.

Oysaki modern bilimin görüşleri son yıllarda tamamen değişime uğradı. Günümüzde bu düşüncenin tam tersinin doğru olduğunu biliyoruz. Birbirimizden ayrı değiliz! Her şey birbirine bağlı ve her şey birbirini etkiliyor. Bu bilgi, istediğimiz enerjiye ulaşmamız konusunda çok önemli olduğundan, kısaca bu görüş üzerinde durmak istiyorum.

1995 yılında Rusya'daki Bilim Akademisi'nde, Vladimir Poponin ve Peter Gariaev liderliğinde yapılan çalışmalar bir dönüm noktası oldu. Deneylerin sonucu çok şaşırtıcı bir şeyi açığa çıkardı ve o kadar beklenmedik bulgular elde ettiler ki deney ancak ABD'de tekrar edildikten sonra yayınlandı.

Vladimir Poponin ve Peter Gariaev foton denilen ışık partiküllerinden hareketle DNA'nın özelliklerini araştırmak istiyorlardı. Bu araştırmalarda, deney tüpünün içindeki tüm havayı çekerek bir boşluk oluşturdular. Tam anlamıyla bir boşluk meydana getirmenin mümkün olmadığını biliyoruz. Her yerde özel aletlerle göreceli olarak doğru bir şekilde ölçülebilecek fotonlar (ışık enerjisi) bulunur. Bu araştırmada da aynı fotonlar keşfedildi. Başta her şey beklentilere uygun olarak gelişiyordu. Fotonlar boşlukta oldukça düzensiz bir şekilde dağılıyordu.

Sonraki aşamada tüpün içine bir insandan alınan DNA örneği koyuldu ve son derece şaşırtıcı bir şey meydana geldi: DNA eklendiğinde partiküller farklı bir dizilime geçti. DNA'nın fotonlar üzerinde doğrudan bir etkisi vardı. DNA, sanki görünmez bir güç gibi tüpteki fotonları düzenli bir şekle sokuyordu.

Böylece insan DNA'sının dış dünyayı doğrudan etkilediği kesinleşmiş oldu.

Geleneksel fizik araştırmalarında böyle bir olay daha önce hiç gözlenmemişti. Dahası, geleneksel fiziğin alışılagelmiş anlayışı da buna benzer bir olayı öngörmemişti. Fotonlar, daha önce hiçbir açıklaması bulunmayan bir tavır sergiliyordu.

Sadece bu bile yeterince heyecan vericiydi. Ama bunu takip eden keşif tam anlamıyla devrim niteliğindeydi. Tüpün içinden DNA alındığında, fotonların girdiği şeklin bozulması ve boşlukta yeniden düzensiz bir şekilde yayılmaları bekleniyordu. Ama tam tersi gerçekleşti! Fotonlar sanki DNA hâlâ oradaymış gibi hareket ederek düzenli şekillerini korudular.

Deneyler birçok defa tekrarlandı, ölçüm cihazları kontrol edildi ve tüpün içindeki tüm DNA kalıntıları temizlendi. Deneyler kaç defa tekrarlanırsa tekrarlansın, en sonunda sadece tek bir sonuç ortaya çıkıyordu: Fotonlar ve DNA fiziksel olarak birbirinden ayrıysa da birbirlerine bağlıydılar. Kuantum fiziğinin *kuantum alanı* olarak adlandırdığı bir alanla birbirlerine bağlı görünüyorlardı. 'Boşluk' o kadar da boş değildi, bu boşlukta milyarlarca bilgi dalgalar halinde yayılıyor ve yer değiştiriyordu.

Bu araştırma Rezonans Kanunu'nun anlaşılması için çok önemli bir bilgi sağlamaktadır. Yapılan deney serisi, her şeyi birbirine bağlayan bir kuantum alanının varlığına dair teoriyi destekleyerek güçlendirir. En dikkat çekici olan da bu enerjinin ilk defa kanıtlanmış olmasıdır.

Her şeyi birbirine bağlayan bu enerji alanı, onu keşfeden bilim insanları tarafından eski zamanlardan beri birçok farklı isimle anılmıştır: Kuantum alanı, kutsal kalıp, ilk öğreti, kuantum hologramı. Bu enerji alanının özelliği, bu zamana kadar bilinen hiçbir enerjiye benzememesidir.

Sıkıca dokunmuş bir ağ gibi işleyen bu enerji alanı, iç ve dış dünya arasında bir tür köprü oluşturur.

Tıpkı ses dalgalarının havada yayılması gibi, bizim açığa çıkardığımız inanç ve düşünce enerjisinin de dünyaya yayılabilmesi için bir ortama ihtiyacı vardır; bu ortam da kuantum alanıdır.

Bu enerji alanı, her şeyle ve herkesle bilinçli veya bilinçsizce ilişki halinde olmamızı sağlar.

Bu süreçte 'alıcının' bize olan uzaklığı – ister yan kapımızda ister dünyanın öteki ucunda olsun – önemli değildir. Meydana getirilen ve etrafa yayılan rezonans alanı, o kişi bu durumdan haberdar olmasa bile, bulması gereken insana mutlaka ulaşır.

Örneğin, Sabine aynen bunu gerçekleştirdi. İsteğinin enerjisi sayesinde, gelecekteki partnerinin bundan haberi olmamasına rağmen onunla enerji anlamında bir ilişki kurdu.

Merhaba Pierre,
Bu yıl haziran ayında senin Frankfurt'taki seminerine katılmıştım ve o zamandan beri meydana gelen şeyleri kelimelere dökmek gerçekten çok zor. O andan itibaren isteklerim neredeyse birbiri ardına gerçekleşti. Ancak sadece en çok isteğim şey olan hayat boyu birlikte olacağım bir partner bulma hayalini görünüşe göre hiçbir rezonans bulamıyordu. Böylece senin tavsiyelerine de uyarak şu anda sahip olduğum şeylerin farkına varmaya ve bunlardan memnun olmaya karar verdim.

Ağustosun başında iki çocuğumla birlikte tatile çıktım. Orada da aynı olay tekrarlandı; unutulmaya yüz tutmuş isteklerim gerçekleşti. Çok kibar insanlarla tanıştım, özellikle de işim konusunda yardımı dokunacak kişilerle karşılaştım. Sadece 'o adam' bir türlü karşıma çıkmak bilmiyordu.

Böylece olumlama konusunda hızlanmaya karar verdim. Her sabah, koşu yaparken yarım saat boyunca dua etmeye başladım. Ve birdenbire 'o adamı' karşımda buldum. Bir gece diskodaki bara doğru ilerlerken o beni kenara çekip kesinlikle tanışmamız gerektiğini söyledi. Bunu söyleyecek cesareti bulabilmek için bir kadeh içmesi gerekmişti ama aslında günlerdir bana yaklaşmak için fırsat kolluyordu. Bunun yanı sıra, neden bana yaklaştığını bilmiyordu ama başka türlü hareket edemeyeceğini çünkü 'bir şeyin' onu bir adım atmaya ittiğini hissetmişti.

Bu bağlantı çok hızlı gerçekleşti ve ilk andan itibaren inanılmaz bir çekim söz konusuydu. Bu adam benim listemdeki tüm isteklerimi karşılıyordu ve ne kadar çok ortak noktamız olduğunu fark ettikçe tüylerim ürperiyordu. Şu an birbirimizden ayrı bir hayat hayal edemiyoruz.

Bunun yanı sıra, kendimizi geliştirmeye devam etme isteğimiz de ortak bir özelliğimiz. Bu isteği de senin sayende, seminerden sonra listeme eklemiştim.

Kalbimdeki bu isteğin gerçekleşmesi için o kadar bekledim ki! Ve şu an 'o' benim yanımda.

Yakında senin seminerlerinden birinde seni tekrar göreceğim ama bu sefer yanımda başka birini daha getireceğim.

Sevgilerimle,
Sabine

Amaçlarımızın enerjisiyle açık ve aktif şekilde bağ kurmak varken neden uzun süre kalbimizin isteklerinin gerçekleşmesini bekleyelim ki?

Sabine sadece kendi düşüncelerinin gücüne güvenmeye başladı ve bu kararından vazgeçmeden kalbindeki inancı korudu. Kuantum alanı sayesinde her şeyle ve herkesle iletişim kurabiliriz. Sadece harekete geçmemiz yeter.

Rezonans Kanunu her zaman 'evet' der.
Yasa her zaman inancınızı onaylar.
Asla size karşı çıkmaz.

Örneğin hayatınızın
hiçbir önemi olmadığına
ya da derin bir anlamı olmadığına inanırsanız,
sonuçta aynen bunları elde edersiniz.

Eğer yasanın size
gerçek ve derin bir aşk,
hem içten hem de dıştan gelen bir zenginlik ve para
getireceğine inanırsanız,
hayatınızın evrensel ve derin bir anlamı olduğunu düşünürseniz
tam olarak bunları bulursunuz.
Rezonans Kanunu'na göre,
hayatınızda bundan başka bir şey gerçekleşemez.

Enerji, özünde kayıtsızdır:
İsteğinizin kabul edilebilir veya ayıplanabilir olmasının da,
size destek veya köstek olmasının da
bir önemi yoktur.

Enerji, ahlaki bir talepte bulunmaz
ve sizi yargılamaz.
Enerji, yaydığınız etkilerden hareketle
sürekli olarak tepki verir.

Hücrelerimizi Düşünce Gücüyle Etkileyebilir miyiz?

Dünyanın gerçeklerini,
onlardan kaçarak yakalayamayız.

ALDOUS HUXLEY

Duygularımızın bedenimiz üzerinde güçlü bir etkisi olduğunu uzun zamandır biliyoruz. Bu etki, bilim ve tıp tarafından da sık sık belgelenmiştir. Ancak DNA değiştirilemez ya da en azından eski inanışa göre değiştirilemezdi. Ama bu doğru mu?

HeartMath Enstitüsü, 1992-1995 yılları arasında saf duyguların DNA'mız üzerindeki etkisini keşfetti. Bu etkiyi anlamak için bilim insanları Glen Rein ve Rollin McCraty, insan DNA'sı üzerinde araştırmalara başladı. İlk önce insan DNA'sını bir deney tüpünün içine yerleştirdiler. Ardından DNA çok güçlü duygulara maruz bırakıldı. Bunu gerçekleştirebilmek için de deneye katılan insanlar ruhun sakinleştirilmesi, olumlu duygulara yoğunlaşmak ve kalp bölgesine odaklanmak gibi farklı zihinsel ve duygusal yaklaşımları benimsediler.

Sonuçlar görmezden gelinemeyecek kadar etkileyiciydi. Tüm bilim insanları DNA üzerinde bir etki yaratma konusuna şüpheyle yaklaşsa da daha önceki fizik kurallarına göre var olması mümkün olmayan bir şeyi gözlemleyebildiler: Deneyi gerçekleştiren kişi güçlü duygularını yayarken bazı belirgin elektriksel tepkimeleri ölçüldü. Teste katılan kişiler sadece duygularıyla tüpteki DNA'nın moleküllerini etkileyebilmişlerdi.

İnsan duyguları DNA'nın şeklini etkiler.

Bunu bizim anlayışımızla kavramak oldukça güçtür. Günümüzdeki bilim, DNA'nın değişmez olduğunu bizim kafamıza kazır: Belirli bir DNA'yla doğmuşuzdur, korkunç büyüklükte ve güçte bir etki olmadıkça vücudun içinden veya uzağından DNA'yı değiştirmek hatta etkilemek mümkün değildir. Ama artık DNA'nın son derece değiştirilebilir olduğunu ve en küçük enerji titreşimlerinin bile onu etkileyebildiğini belirtmek gerek!

Deney serisi sırasında HeartMath Enstitüsü bir adım daha ileriye gidip insan plasentasındaki DNA'nın tepkilerini inceledi. DNA'nın en saf hali orada bulunuyordu.

Bunun için deney tüplerine plasentadan alınan 28 tane DNA konuldu ve güçlü duygular hissetmeye odaklanan 28 araştırmacıya verildi.*

Bu deney aynı zamanda DNA'nın araştırmacıların duygularına göre farklı şekilde değişikliğe uğradığını da gösterdi: Eğer araştırmacılar minnet, sevgi ya da şükran hissediyorsa DNA da bu durumda gevşiyor, yani DNA'nın bağları açılıp daha uzun hale geliyordu. Tam tersine araştırmacılar tatminsizlik, korku, öfke ya da stres gibi duygular hissettiğinde DNA kısalıyor, hatta kodlar arasındaki bağlar bile kopuyordu! DNA olumsuz duygulara küçülerek tepki veriyordu.

---

* Test sonucu "Local and Non Local Effects of Coherent Heart Frequencies on Conformational Changes of DNA" adlı makalede yayınlanmıştır.

Şimdi olumsuz duyguların nasıl bizi dünyanın geri kalanından kopardığını anlayabiliyoruz. Öfkelendiğimizde ya da kötü hissettiğimizde kendimizi soyutlanmış ya da hayatın akışından kopmuş gibi hissederiz. Aslında durum gerçekten de böyledir. Kendimizi bulunduğumuz ortamdan ayıran yine biz oluruz!

DNA'nın kodları arasındaki bağlardaki bu kopuş, araştırmacılar neşe, minnet, sevgi ya da şükran gibi duygular hissetmeyi denediğinde hemen düzeliyordu. Bu sayede kodlar, tıpkı bir lambanın yanması gibi bir anda yeniden bağlanabiliyordu.

Bunun yanı sıra, DNA'da ölçülen değişimler, elektromıknatısların neden olabileceği değişikliklerden çok daha büyük ve geniş çaplıydı.

Çok derin bir sevgi hisseden insanlar, kendi DNA'larının şeklini değiştirebilirler.

Daha sonra HIV pozitif olan hastalarla araştırmalar gerçekleştirildi ve minnet, şükran ve sevgi duyguları hissedenlerin bu duyguları hissetmeyenlere kıyasla 300 bin kat daha güçlü bir bağışıklığa sahip olduğu görüldü.

Burada sağlığa dair bir anahtar olduğunu varsayabiliriz. Bu yüzden neşe, sevgi ve minnet gibi duyguları hissetmeye çalışmak çok önemli, çünkü biz de bu şekilde bağışıklığımızı 300 bin kat güçlendirebiliriz.

İyi duygular hissetmeye devam edersek daha güçlü bir bağışıklık sistemine sahip olacağımız için bazı hastalıkları engelleyebiliriz.

Peki, biraz daha fazlasını da elde edemez miyiz? Sağlığımıza yeniden kavuşabilir miyiz? Bu konuda Sandra'nınki gibi birçok başarı hikayesi vardır:

Sevgili Pierre,

İstek duymak hayatımda birçok konuda başarıya ulaşmamı sağladı. Mesela sağlık açısından bir örnek vereyim:

Bulimia denilen bir yeme bozukluğum vardı. Kendimi, çok fazla yemeği hiç durmadan silip süpürmek ve sonrasında da kilo almamak için kusmak zorunda hissediyordum. Yaklaşık beş yıl boyunca ikili bir hayat sürdüm ve hiç kimse bunun farkına varmadı. Dışarıdan her şey iyi gidiyormuş gibi görünüyordu, ama büyük bir utanç içindeydim.

Bir gün biri bana olumlu düşünmek hakkında bir kitap okumamı önerdi, bu kitap sadece 'başarılı bir şekilde istemek' hakkındaydı. Başlar başlamaz heyecanlandım çünkü eskiden beri bu durumu değiştirebilecek tek kişinin yine ben olduğunu hissediyordum. Ben de olumlu düşünmeye ve kendi kendime telkinlerde bulunmaya başladım. Bir yandan da kendimi aslında olmak istediğim gibi, yani narin ve sağlıklı hayal ediyordum, etrafımdaki insanlardan da yaydığım pozitif enerji ve güzel görünüşüm hakkında övgüler alıyordum. Bu biraz vakit aldı ama benim için başarıya ulaşmanın tek yolu buydu. Hayatım tamamen değişti. Her şey olması gereken hale geldi.

Önce kendimi kusmadan düzenli yemek yemeye alıştırmam gerekti. İlk başta, yani tartıyı hayatımdan çıkarana kadar, çabamın karşılığını çok da alamıyordum. Ama bu adımdan sonra da en az on kiloyu kalıcı olarak vermeyi başardım. Şu an hayal ettiğim gibi altmış kiloyum, kilo almadan istediğimi yiyebiliyorum. Artık bulimia – hem de hiçbir yardım almadan – geçmişte kaldı ve ben de ideal kiloma ulaştım.

En içten dileklerimle,
Sandra

Kendi hayatımda da aynı şekilde kendimi iyileştirme yeteneklerim hakkında deneyler yaptım. Klasik tıp öğretisini dinleyecek olursak böyle bir etkinin var olmaması gerekiyordu. Sadece yirmi yaşındaydım ve omurgamdan dolayı acı çekiyordum. Hemen bu konuda bir uzmana göründüm.

İlk incelemeden sonra konulan teşhis insanın cesaretini kırıyordu: Omurgadaki eklemlerde kronik bir iltihaplanmaya sebep olan Bechterew hastalığına yakalanmıştım. Birkaç yıl içinde sırtım tamamen sertleşecekti. Laboratuvarlarda yapılan tüm analizlerin de kanıtladığı gibi, bu konuda hiçbir şüphe yoktu.

Tedavi yöntemlerini bir hafta sonra, ilk şoku atlatmamın ardından tartışmaya karar verdik. Kesin olan tek bir şey vardı: Bu hastalığın tedavisi yoktu ve hayatıma bir oyuncu olarak devam etmem mümkün görünmüyordu. Kısa süre içinde omurgam sanki tek bir kemikmiş gibi birleşecekti ki en kötü yanı bu değildi. Zamanla sırtım kamburlaşacak ve sadece yeri görebilecektim.

Hayatımın en zor haftalarından birini geçirdim. O zamanlar ne *başarıyla istemek* ne de kuantum fiziği hakkında bilgi sahibiydim: DNA'mızı sadece düşünce gücüyle değiştirebileceğimizi bilmiyor olsam da tek bir şey biliyordum: *Ben sağlıklıyım, sırtım harika, sırtımı seviyorum, güçlü ve dirençliyim, enerjik ve hareketliyim.*

Tenis kursuna yazıldım ve bir yıllık parayı tek seferde verdim. Çaresiz hissetmiyordum, tam tersine kendimi bu kadar enerjik hissetmiş olmanın tadını çıkarıyordum çünkü sağlıklı olmanın ne kadar güzel bir şey olduğunu biliyordum. Benim hayatımın şimdi başladığına şüphe yoktu! Evrenin yaptığı bu şakaya gülüyordum, bu aydınlanma için teşekkür ediyordum, uyanmıştım, içimdeki canlılığı hissediyordum ve sağlıklıydım. Gece gündüz, her saniye, her an bende gerçekleşen mucizeye odaklandım. Bu etrafımdakilerde büyük bir şaşkınlık yarattı. Hiç kimse benim neşemin, mutluluğumun ve herkese ve her şeye karşı sevgi dolu oluşumun sebebini anlayamıyordu. Dans ediyordum, şarkı söylüyordum, minnetle doluydum ve *bir* olmuştum. Beni saran hayata şükran duyuyordum.

Doktor randevusunun zamanı geldi ve başka testler ve başka laboratuvar analizleri yapıldı. Doktor böylesine güler yüzlü ve neşeli bir hasta gördüğü için şaşkındı; ardından resmen bomba patladı. Açıklanamaz. Anlaşılamaz. Öngörülemez. Hiçbir yanlış anlaşılmaya imkan yok. Ama yine de doktor karşımda kekeliyordu. İltihaplı romatizma, bel kemiği, hasar görmüş kuyruk sokumu eklemleri... her şey şu an çok netti. Bir kere daha her şeyin test edilmesi gerekti. Ama üç gün sonra doktorlardan oluşan bir orduyu arkasında toplayan doktorumun bir açıklaması yoktu. Yok olmuştu. Gitmişti. Görülecek ve kanıtlanacak hiçbir şey kalmamıştı. Eritrosit oranı son derece normaldi, kanımda HLA-B27 yoktu, omurlarda iltihap yoktu. Doktorum doğal olarak mutlu olmuştu ama bir önceki teşhisten dolayı da kafası karışıktı.

Neredeyse, her şeyin onun tahmin ettiği korkunç yoldan gitmesini tercih edeceğine inanmaya başladım çünkü böylece hayatı sıradan akışında devam etmiş olacaktı. Ama sonuç, bir el sıkışma ve hâlâ inanamayarak hafifçe bir baş sallama oldu. Hatta onu kolundan tutup her şeyi doğru yaptığını söyleyerek ben teselli ettim; tıbbi desteğe devam edip tenise başladığımı söyledim.

Şimdi, gerçekte ne yaşandığını biliyorum. Kendi kendime vermiş olduğum bu hediyeden ve kendi düşüncelerimin gücünden dolayı derinden etkilenmiş haldeyim.

O zamanlarda bu kararlılığım nereden geliyordu? Bilmiyorum. Ama geçmişe baktığımda bu olayda büyük bir özgüven kazandığımı ve bunu da bugüne kadar koruduğumu biliyorum.

Geçmişte yaşadığım bu deneyim ve başka diğer olaylar bana sağlığımızın sandığımızdan çok daha büyük oranda kendi elimizde olduğunu öğretti. Bu benim en sağlam inancım.

Siz neye inanıyorsunuz?
Sizin inancınız her şeye yön veren güçtür.
Kendinize inanın ve bu sayede hayatınızın yönünü değiştirin.

Yaydığımız en güçlü enerji aşktır.

İsteklerinize "âşık olun!"
En büyük enerjiyi yaratacak olan şey budur.

Düşüncelerimizin Gücüyle Çok Uzaktaki Bir DNA'yı Değiştirebilir miyiz?

Problemleri, onlara sebep olan düşünce yapısıyla asla çözemeyiz.

ALBERT EINSTEIN

Sadece düşünce gücüyle DNA'mızı değiştirebileceğimizi bilmek, birçok bilim insanını derinden sarstı. Dünya şimdiye kadar inandığımızdan farklı bir şekilde işliyor ve farklı bir yapıdan meydana geliyor olabilir miydi?

Bir başka deneyde, bu konuda büyük bir adım daha atıldı. Amerikan ordusunun emriyle bilim insanları doksanlı yılların başında, duygularımızın vücudun dışında, hatta çok uzağında bulunan canlı hücreler üzerinde bir etkisinin olup olmadığını araştırdı.

Aslında bu konuda şüpheliydiler, çünkü fizik alanındaki eski düşüncelere göre bu tamamen imkansızdı. Bu yüzden insan vücudundan ayrılan organların, kemiklerin, derinin ya da dokuların o kişiyle bir bağının kalmayacağına inanılıyordu.

1993 yılında *Advances* dergisi, ordunun yaptığı bir deneyin sonuçlarını açıkladı. Bu deneyde DNA ile deneyi gerçekleştiren katılımcıların duyguları arasındaki ilişkinin kanıtlanıp kanıtlanamayacağı araştırılıyordu. Katılımcıların ağızlarından DNA örnekleri alındı ve dış ortamdan izole edilip binanın başka bir yerine götürüldü. Sadece bu etkiyi ölçmek için tasarlanmış özel araçlar sayesinde, farklı kişilere ait DNA'ların o kişiler çok uzakta olsalar bile onların hislerine göre değişiklik gösterip göstermeyeceğini teyit etmek isteniyordu.

Katılımcılarda farklı hisler uyandırabilmek için onlara farklı fotoğraflar gösterildi, bu fotoğrafların kimi erotik, kimi savaşla ilgili, kimi komik, kimi de şiddet içeren sahnelerle doluydu. Katılımcılar şiddetli veya hafif olmak üzere duygu skalasının farklı yerlerinde yer alan her türlü hisse maruz bırakıldı.

Ancak bu sefer bilim insanlarının büyük çoğunluğu DNA'nın üzerindeki etkiden şüpheye düşseler de daha önce kabul edilen fizik yasalarına göre gerçekleşmemesi gereken bir şeyi gözlemlediler. Katılımcılar bir şeyler hissettiklerinde bilim insanları da belirgin elektriksel tepkimeler ölçmüşlerdi. DNA sanki tüm bu süre boyunca katılımcıların vücudundan hiç ayrılmamış gibi davranmıştı.

Gregg Braden *İlahi Matriks* isimli kitabında Doktor Backster'ın bu deneylere devam ettiğini ve katılımcılarla DNA'nın birbirinden gittikçe uzaklaştırıldıklarını yazmıştır. Bu deneylerden birinde uzaklık 500 kilometreye kadar çıkarılmıştı.

Bir atom saati kullanarak duyguların yayılması ve DNA'nın buna tepki vermesi arasındaki zaman farkı ölçüldü ve bu iki olayın aynı anda gerçekleştiği anlaşıldı! Evet, her şey tam anlamıyla aynı zamanda gerçekleşiyordu. En ufak bir gecikme emaresi bile söz konusu değildi. Buradaki tepkimede yer alan DNA, katılımcıların vücutlarındaki DNA'yla aynı zamanda tepki veriyordu.

Hislerimiz, inançlarımız ya da düşüncelerimiz nasıl olursa olsun, DNA bu etkiyi saniyenin milyonda birinde yansıtıyordu.

Rezonans halindeki DNA'nın yanı başımızda ya da dünyanın öbür ucunda olmasının bir önemi yok.

Günümüzde, zaten bahsedilen bu enerji alanının (matriks, kuantum alanı) tüm duygu ve düşüncelerimizin iletiminden sorumlu olduğuna ikna olmuş haldeyiz ve bu tepki ışık hızından bile daha hızlı gerçekleşiyor!

Deneylere katılan Doktor Jeffrey Thompson şu bulguyu ortaya koydu:

Bir bedenin başladığı ve bittiği kesin bir nokta yoktur.

Bu rapordan sonra Moskova'daki Pavlow Psikoloji Enstitüsü, Amerikalı meslektaşlarının bulgularını doğrulayan deneyler gerçekleştirdi. Genç bir dişi farenin altı yavrusu alınıp dünyanın farklı yerlerine gönderildi. Daha sonra annede panik, korku ve neşe hisleri uyandırıldı. Yavruların dünyanın farklı yerlerinde bulunmalarına rağmen anneleriyle aynı şekilde tepki verdikleri görüldü.

Bilim için bu bulgular insan yapısına ve hareketlerine dair yeni bir anlayışa giden yoldaki yapı taşlarını oluşturuyor. Benim için ise, bulunan kanıtlar 'başarıyla isteme'nin mükemmel işleyişine dair yeni bir açıklama getiriyor.

Bu kitabın başında DNA'nın, bulunduğu çevrede güçlü, dayanıklı ve uzun süreli bir etki yarattığını öğrenmiştik. Son iki bölüm de bize düşüncelerimizin ve hislerimizin gücüyle bizim de DNA'mızı etkileyebileceğimizi gösterdi.

Bu tabii ki harika bir bilgi. Çünkü eğer DNA'mızı etkileyebiliyorsak ve DNA'mız da kuantum alanı sayesinde dünyadaki her şeyle bağlantılıysa – zamanın ve uzaklığın bir önemi olmadığını düşünürsek – Rezonans Kanunu sayesinde sahip olmak istediğimiz her şeyi hayatımıza getirebiliriz. Daha kesin konuşmak gerekirse, bunu zaten yapıyoruz.

İç dünyamızda zaten sahip olduğumuz her şey, dış dünyada da bizi bulacaktır.

Dış dünyada karşılaştığımız her şeyin bir kaynağı vardır ve bu kaynağı düşüncelerimizde aramak gerekir. İstediğimiz sonuçlara ulaşmayı arzuluyorsak, düşüncelerimizi gözlemlemeye ve onları kontrol etmeye başlamalıyız, çünkü düşündüğümüz her şey bir rezonans alanı yaratır.

- Düşüncelerimiz çoğu zaman rezonans alanımızı genişletir. Bu yüzden kayıplara dair düşünceler daha fazla kayba sebep olur; aynı şekilde, kazanmakla ilgili her düşünce de daha büyük kazançların yolunu açar. İşte bu yüzden, dış dünyada gerçekleştirmek istediğimiz değişiklikler sadece düşüncelerimizin de değişmesiyle gerçekleşecektir.
- İçinizde yer alan yaratıcı gücü hatırlayın ve bunu kendi iyiliğiniz ve her şeyin iyiliği için kullanın!

Sabine'in hikayesi, aşk enerjisinde kaldığımız sürece isteklerimize dair düşüncelerin başkalarını nasıl harekete geçirebileceğine dair güzel bir örnektir.

Merhaba Sevgili Pierre,

Sadece isteyerek elde ettiğim şeyler o kadar inanılmaz ki! Üç yaşındaki oğlum Jannik hayat dolu, küçük bir canavar. Geçen ocak ayının başında, yine 'mücadeleci girişimlerinden' birini gerçekleştirirken düşüp üstdudağını yardı. Dudağı kanamaya başladı, ben de her annenin yapacağı gibi yarayla ilgilendim ve bu durumun çok da ciddi olmadığını söyleyerek onu teselli ettim. Her anne böyle olaylar yaşamıştır. Jannik hemen sakinleşti ve kanama da kısa sürede durdu. Bu yüzden onun iyi olduğuna dair şüphem kalmamıştı.

Birkaç hafta sonra, sol taraftaki kesici dişlerinin diğer süt dişlerine kıyasla daha koyu renk olduğunu fark ettim; o tarafta olmayan dişleri pırıl pırıldı. Hemen dişçimizden randevu aldım. Dişçi Jannik'i inceledi, hatta röntgen bile çekti ve ardından son birkaç hafta içinde Jannik'in dudağının üstüne düşüp düşmediğini sordu. Jannik'in geçirdiği küçük kazayı hemen hatırladım. Röntgeni inceledikten sonra dişçimiz o dişi besleyen sinirin düşme sırasında koptuğunu anlattı. Diş gittikçe daha koyu renk olacaktı. Ama endişelenmedim çünkü 'kalıcı' dişleri geldiğinde yeni çıkan diş doğal olarak beyaz olacaktı.

Ancak bu süreç birkaç yıl alacaktı, çünkü herkesin de dediği gibi 'kalıcı dişler' beş veya altı yaşlarında çıkmazdı. Ama bu benim için çok uzun bir bekleyiş olacaktı. Bu yüzden ben de istemeye başladım. Dişin parlak bembeyaz haline geri dönmesini istiyordum. Mantığıyla hareket eden biri için tam bir saçmalık!

Ancak istediğim tam olarak gerçekleşti: Haftalar geçtikçe dişteki bariz değişimi gözlemleyebiliyorduk. Diş gerçekten de zamanla ilk 'renk tonuna' geri döndü! Dört haftanın sonunda, diş yeniden bembeyazdı. Kariyeri boyunca buna benzer bir olay görüp görmediğini sormak için dişçiyi bile aradım. O da gözlerine inanamadı. Onun için bu inanılmaz bir şeydi.

Bugün, düşmesinden altı ay sonra hiçbir fark görünmüyor; önceden koyu renk olan diş tıpkı diğerleri gibi bembeyaz.

Sabine

İsteklerimiz Hedefini Nasıl Bulur?

Zeki insanlar, sahip olmak istedikleri
deneyimleri kendileri seçerler.

ALDOUS HUXLEY

İstediklerimiz ve arzularımız, olması gerektiği şekilde nasıl gerçekleşir? İstediğimiz şey nasıl gelip bizi bulur? İsteklerimizin yöneldiği insanlar bizi nasıl bulacaklarını nereden bilirler? Vücudumuzdaki bir bölge bilgileri alıp bilincimize aktarıyor olabilir mi? Bu yeni bilinci günlük hayatımızla nasıl bağdaştırabiliriz?

Bu soruların cevabı, bu alanda büyük rol oynayan DNA'mızdır. Genetik kodumuzun destekçisi odur. DNA'nın keşfinden beri inandığımız ve benim de okulda öğrendiğim şey, DNA'nın genetik koddan hareketle sadece hücre için proteinlerin üretilmesinden sorumlu olduğudur.

Ama asıl şaşırtıcı bilgi, DNA'nın %90'ının protein sentezi için gereksiz oluşudur. DNA'nın bu kısmı *iletişim* için kullanılır. Bu bulgu Rus bilim insanları Vladimir Poponin ve Peter Gariaev tarafından ortaya konulmuştur: DNA şu ana kadar kabul edilenden çok daha fazlasını içerir.

DNA, çevresiyle iletişim kurar.

Poponin ve Gariaev DNA'nın bir alıcı ve verici olarak çalışmaya programlandığını gösterdi.

Ayrıca bu iki Rus bilim insanı DNA'nın bu şekilde oldukça iyi çalıştığını da gösterdi. DNA'mız sadece bizimle değil, diğer insanların DNA'sıyla da iletişim kuruyordu. Günümüzde DNA'mızın var olan her şeyle bir bağ kurduğunu biliyoruz.

Bununla beraber, burada bilimin çok daha şaşırtıcı bir keşfine ulaşıyoruz:

DNA'mızın başka insanların ve başka canlıların DNA'larıyla kurduğu iletişim, bu zamana kadar bildiğimizden çok daha farklı bir şekilde gerçekleşiyor. Bu etki, zamanın ve mekanın dışında, daha üst bir boyutta ortaya çıkıyor. Bu etki için hiperuzay terimini ortaya koyduk.

Bu bilgi alışverişinin daha da ilginç yanı, açıkça hiçbir sınıra bağlı olmaması. Ne uzaklık ne de zaman bu bilgi akışında bir engel oluşturabiliyor. Zaman konusunda en küçük bir uyumsuzluk bile söz konusu olmuyor. Atom saatiyle bile, en küçük bir gecikme ölçülemedi.

Bunun için DNA, hiperuzaya özgü, solucan deliği denilen enerji kanallarını kullanıyor. Albert Einstein ve Nathan Rosen 1935 yılında bu bilgiyi ilk tanımlayan kişilerdi. Bu kavram, aynı mekandaki iki köşenin birbirine bir tünelle bağlı olduğunu belirtmek için kullanıldı.

Solucan delikleri sayesinde, bizimle aynı rezonansta bulunan bir kişinin bizden ne kadar uzakta olduğunun hiçbir önemi yoktur. Bu kişi yatakta yanı başımızda ya da dünyanın öteki ucunda olabilir. Uyuyor ya da uyanık da olabilir. Yaydığımız bütün bilgiler aynı anda hiperuzayda bir enerji tünelinde hareket ederek hedefine ulaşır ve oradaki DNA tarafından alınarak işlenir.

Hatta bu enerjinin DNA tarafından sadece alınmadığını, depolandığını da söyleyebiliriz. Böylece DNA bilgi deposu görevi de görür. Aslına bakılırsa, bedenimizde muazzam bir veri bankası bulunur.

'Gerçekleşecek İsteklerimiz' Bizi Nasıl Bulur?

Artık aydınlatılması gereken tek konu, bizimle aynı rezonansta yer alan enerjinin dünyadaki milyarlarca DNA arasında bizi nasıl bulduğudur. Sonuçta bu DNA'ların her biri bilgi alışverişi gerçekleştirir. O zaman evren hiç yanılmadan isteklerimizi bize nasıl ulaştırır?

Bir yandan aralıksız olarak 'yayın halindeyiz.' Olumlu ve olumsuz düşüncelerimizle sürekli olarak rezonans alanımızı programlıyoruz. İsteklerimize ve görüşlerimize ya da korkularımıza ve endişelerimize bağlanırken, rezonans alanımız aynı dalgada yer alan (aynı sıklıkta titreşen) her şeyi kendine çeker.

Ama öte yandan her birimiz bir genetik *isme,* yani koda sahibiz. Adli inceleme tekniklerinde ya da babalık testlerinde bu koddan bahsedildiğini zaten hepimiz duymuşuzdur. Her insanın DNA'sı parmak izleri gibi eşsizdir. Enerji konusunda da bu durum geçerlidir: DNA'mızın enerji izi açık ve net bir adres belirtir.

Titreşim o kadar belirgindir ki bizim için uygun olan çözüm Anka'nın saat örneğinde olduğu gibi her zaman bizi bulur. *Sadece İste, Ama Doğru İste* kitabımı okuyanlar Anka'nın şaşırtıcı hikayesini ve nasıl sadece isteyerek küçük oğlunu sağlığına kavuşturduğunu bilir. İşte Anka'dan yine aynı şekilde şaşırtıcı bir başka hikaye:

Sevgili Pierre,

Öncelikle Sadece İste, Ama Doğru İste *kitapları için teşekkür ederim.** *Hikayemin devamı hakkında bilgi vermek adına, oğlumun şu anda son derece sağlıklı olduğunu ve nörodermatit hastalığından eser bile kalmadığını söyleyebilirim.*

Tatilden çok etkilenmiş olarak döndüm. Birkaç hafta İtalya'da karavanımızla gezdik. Tatilin sonuna doğru biz uyurken bütün eşyalarımız çalındı: Paramız, pasaportlar, her şey gitmişti.

Günün ilk saatlerinde bu durumu fark edip kalakalmıştık. Sinirden deliye dönen eşim sakinleşemiyordu; bense felç olmuş gibiydim, gözlerime inanamıyordum. Daha önce hiç hırsızlık olayıyla karşılaşmamıştım!

Kaldığımız yerdeki diğer tatilcilerden bir tek bizim eşyalarımızın çalındığını öğrendik. Tekrar tekrar "NEDEN?" diye soruyorduk. Tuhaf bir şekilde, içinde telefon ve biraz da nakit para olan benim çantam bebek koltuğunda, tam da göz önünde durmasına rağmen çantaya dokunmamışlardı.

Her şeyin eski haline dönmesini istedim. Şans da böylece yolunu buldu.

Devasa karavanımızla polis merkezinin yolunu tuttuk. Park yeri ağzına kadar doluydu! Neyse ki girişin hemen önünde tam da bize uygun bir yer bulduk ve sakince bir kahve içebildik.

---

* Eğer bir okurumun benimle paylaştığı hikayesi sonraki kitabımda yayınlanırsa, o okurum teşekkür olarak iki imzalı kitap kazanır.

Polis merkezi ağzına kadar dolu olsa da küçük oğlumuzu görünce öne geçmemize izin verdiler. Polis memuru değerli eşyalarımızın bulunabileceğine dair bize hiç umut vermedi. Hırsızların bizi kloroformla bayıltıp bayıltmadığını sorarlarken ne kadar şanslı olduğumuzu fark ettim. Herhangi bir uyuşturucu o zamanlar dokuz aylık olan oğlumuzun üstünde korkunç bir etki bırakabilirdi.

Akşamüstü 'tesadüfen' bizden birkaç kilometre uzaklıkta tatil yapan arkadaşlarımızdan bir mesaj aldık. Arkadaşlarımızın yanına giderken bebeğin pasaportunun, sağlık belgesinin ve ilk fotoğraflarının da kundakla birlikte çalındığını fark ettik. Gözlerimiz doldu. Dizlerimin bağı çözüldü ve gözlerim karardı. Artık tek isteğim sakin bir akşam geçirmekti.

Arkadaşlarımız sadece nakit konusunda yardım etmekle kalmadı, aynı zamanda bizi harika bir akşam yemeğine davet ettiler. Oğlumuz bile çocuk arabasında normalden daha çabuk uykuya daldı ve akşamımız bu şartlar altında olabilecek en sakin şekilde geçti.

Tatilden sonra eve döndüğümüzde posta kutusuna bakarken senin iki kitabını buldum. İşte o anda anladım: Bizim için gerçekten önemli şeyleri geri alacaktık! Bu postanın bana ait olduğunu ilk sayfaları okuduktan sonra anladım; benim oğlumun hikayesi, bu kitabı yazmaya devam etmek konusunda senin için bir işaret olmuştu ve senin bana enerji topu gönderdiğini hissettim.

'NEDEN' sorusu bile o anda cevap buldu: Tatilden önce

eşim bizi hırsızlığa karşı koruma altına alacağına inandığı mantıksız bir enerji göndermişti ama ortada zaten hırsızlık falan yoktu! Neden benim çantama dokunulmadığını yazmama gerek bile yok.

Yıl sonundan biraz önce kendi kendime neden isteğimizin hâlâ gerçekleşmediğini sordum. İçten içe, benim isteyerek başardıklarım konusunda ikna olmayan eşimin haklı olduğunu bile düşündüm.

Birkaç gün sonra, oğlumuzun ilk doğum gününden tam bir gün önce, Münih'teki Kayıp Eşya Bürosu'ndan bir mektup geldi: Nakit paramız dışındaki tüm eşyalarımız bulunmuştu! Paraya zaten hiç önem vermiyordum. Asıl önemli olan, yani oğlumuzun ilk resimleri oradaydı! Çok değerli çantamızı bile geri almayı başarmıştık.

İstemek işe yarıyordu! Öyle ya da böyle, neşeli ya da üzücü şekilde işliyordu.

Eşim neden hâlâ gerçekleşen isteklerim için sana yazmaya devam ettiğimi sordu. Ona (ve tabii sana) cevabım şu: MİNNET!

'Başarıyla isteme' konusundaki deneyimim henüz daha küçük çaptayken Evren konusunda bir fikrim yoktu. Hakkında hiçbir fikrim olmayan 'bir şeye' nasıl teşekkür edebilirdim? Ama şu an, gözümün önünde senin bir fotoğrafın varken tüm minnetimi sana yönlendiriyorum. Şu an tabii ki Evren hakkında çok daha geniş bir görüşe sahibim ancak hâlâ sana minnettarım.

En içten dileklerimle,
Anka

Bana söylersen, unuturum.
Gösterirsen, belki hatırlarım.
Yapmama izin verirsen, yapabilirim.

(Lao-Tzu)

Olumlamalar Nasıl İşler?

Bugün düşündüğün şeye
yarın dönüşürsün.

BUDA

Doğru bir şekilde istemek, sadece kendi kodumuzu yeniden programlamak için çok uygun bir yoldur. DNA'mız her türlü bilgiyi alarak depolayabilir. Bu bilgiler olumlamalarla, kendiliğinden gelişen eğitimlerle, meditasyonla, kendi kendini telkin ederek, 'öyleymiş gibi yaparak' veya görselleştirerek elde edilmiş olabilir.

Bir kere daha hatırlayalım: Gerçekte hiçbir sınır söz konusu değildir. Gerçek sınırlar sadece kafamızda bulunur.

İnandığımız şeye dönüşmemizi sağlayan, her zaman inançlarımızın gücüdür.

Örneğin sağlık konusunda istekte bulunmak, hastalığı inkar etmek anlamına gelmez. Bunun yerine kendi kendimizi iyileştirme gücümüzü harekete geçirmek isteriz. Görselleştirme yoluyla, hastalığa dair düşünceleri sağlıkla ilgili düşüncelerle değiştiririz ve geçmişte hep yaptığımız gibi vücudumuzla ilgili yolunda gitmeyen bir şeylerin olduğunu düşünmek yerine, bu olumlu enerjiyi vücudumuzda harekete geçiririz.

Vücudumuz düşüncenin en küçük etkisine bile tepki verir. Eğer kendi kendimizi iyileştirebileceğimize inanırsak, vücudumuzu her alanda kendi kendini iyileştirmeye yönlendirebiliriz. Birçok kişi için mucize olarak görünecek bu durum, bir kere iyileştikten sonra gerçeğin kendisi haline gelecektir. Sonuç olarak bu değişim, düşüncelerimizin ne kadar güçlü olduğunu kanıtlar.

Aşağıdaki örnek, hedefine odaklanmış enerjinin ne kadar güçlü olabileceğini çok etkileyici bir şekilde gösteriyor.

Sevgili Pierre,

İsteklerimin gücü – ve de başarısı – çevremdekiler arasında kulaktan kulağa yayılınca, bu duruma şaşırıp kalan bir arkadaşım bir gün beni aradı. Tabii ki benim isteklerimin ne kadar başarılı olduğunu duyuyordu ama kendini bunun gerçekten işe yaradığına inandıramıyordu. Bu yüzden sıkıntılı olduğu bir dönemde beni aradı.

Bana birkaç dakika içinde annesinin sağlıklıyken nasıl sakat biri hale geldiğinden bahsetti. Omurgada oluşan bir kan pıhtısı, belden aşağısında yer alan motor sinirlerini sıkıştırmıştı. Kadın bu yüzden göz açıp kapayıncaya kadar bacaklarını hareket ettiremez ve yürüyemez hale gelmişti.

Helikopterle hastaneye kaldırılıp hemen ameliyata alınmıştı. Doktorlar en kötü ihtimali ortadan kaldırmak için imkansızı denemişti. Ameliyat oldukça uzun sürmüştü.

Anestezinin etkisi geçer geçmez, ameliyatın başarılı olup olmadığını kesin olarak gösterecek testler yapılmış. Arkadaşımın annesiyle ilgilenen doktora göre hastanın ameli-

yattan hemen sonra bacaklarında net bir tepki hissetmesi gerekiyormuş. Ama ameliyattan günler sonra bile hiçbir şey hissetmemiş. Doktorlar ameliyattan bu kadar süre sonra artık olumlu bir gelişme beklemenin mümkün olmadığını belirtmişler. Hastanın, hayatının geri kalanında günlerini tekerlekli sandalyede geçireceği fikrini kabul etmesi gerekiyormuş.

Arkadaşım bitkin düşmüştü ki annesinin ruh halinden bahsetmiyorum bile.

Arkadaşım beni arayıp annesinin durumunu anlattığında çok üzüldüm; aklım fikrim hep bu konudaydı. Ama o anda arkadaşımın ne beklediğini bilmiyordum. Arkadaşım benden açıkça annesinin tekrar yürüyebilmesini dilememi istiyordu. Zaten oğlumla ilgili 'tıbbi' bir başarı elde etmiştim. Arkadaşımı haklı buldum ve Evrene bu isteği göndereceğime dair ona söz verdim.

Telefon görüşmemiz tam 15:30'da sona erdi. Hemen ardından isteğimi Evrene yolladım. Saat 19:15'te arkadaşımdan bir mesaj aldım; hastanedeydi ve gururla annesinin sağ ayağını oynatabildiğini söylüyordu!

Şaşırmadım bile. Çünkü isteğin gücünün sınırsız olduğunu biliyordum...

Bugün arkadaşımın annesinin bacaklarının felç olmasının üstünden iki hafta geçti ve ayaklarından kalçalarına kadarki kısımda hisleri geri döndü. Şu sıralarda doktorların tüm tahminlerinin aksine, yeniden yürüyebilmek için terapi görüyor ve günden güne iyileşiyor!

Monika

Bilim, doğanın en son gizemlerini çözemez.
Çünkü biz de doğanın,
yani çözmek istediğimiz gizemin bir parçasıyız.

Max Planck

Düşünce Gücüyle Yeni Bir Gelecek Yaratabilir miyiz?

Zaman göründüğü gibi değildir. Sadece tek bir yöne doğru akmaz ve geçmişle gelecek aynı anda gerçekleşir.

ALBERT EINSTEIN

Düşünce gücüyle geleceğimizi etkileyebilir miyiz? Hiç duraksamadan bu soruya olumlu cevap verebiliriz. Geleceğimizi tahmin bile edemeyeceğimiz şekilde değiştirebiliriz. Kuantum üzerinde çalışan fizikçiler, çok heyecan verici bir şey keşfettiler: En küçük bir etkinin bütün hayatımızı değiştirebileceğini ve var oluşumuzda her şeyin gerçekleşebileceğini gösterdiler.

Bildiğimiz gibi, düşünce gücümüzle enerji yayıyoruz. Tabii ki düşünce gücüyle enerji yayan bir tek biz değiliz; bunu bütün insanlar gerçekleştiriyor. Aynı dalgadaki titreşimlerin ortak bir çekime sahip olduğunu düşünürsek, mantıklı olarak şu sonuca ulaşırız: Diğer olayları ve insanları sadece biz çekmeyiz, biz de diğer insanlar ve olaylar tarafından eşit ölçüde çekiliriz. Bu durumun oluşması için iki enerjinin ortak rezonansta bulunup uyumlu şekilde titreşmesi gerekir.

Oysaki kuantum fiziğinde 'kuantum dalgaları' denilen bir keşif yapıldı. Bu keşfe göre, kuantum fiziğinde her şey – örneğin düşüncelerimiz ve inançlarımız – sadece mekanda değil, zamanda da yayılır. Hareketleri sadece mekanda değil, zamanda da (zaman dalgalarıyla) gerçekleşir. Bu yüzden geçmişten geleceğe doğru yayılan *normal kuantum dalgaları* olarak adlandırılan kuantum dalgaları bulunur.

Bir de *karmaşık çekimli dalgalar* denilen, gelecekten geçmişe doğru yayılan enerji dalgaları söz konusudur! Bu hayret verici bir bilgi ama her şey burada da bitmiyor. Geleceğe doğru yayılan dalgalar *teklif dalgası,* geçmişe doğru yayılan dalgalar da *yankı dalgası* olarak adlandırılır.

Eğer iki dalga, yani gelecekten bize gelen yankı dalgasıyla bizim yaydığımız bir teklif dalgası birbirine denk gelirse bu dalgalardan biri diğerini perdeler ve bir *olasılık alanı* oluşturur.*

- Kuantum fiziğine göre, bir olayın gerçekleşme olasılığı "geçmişten gelen teklif dalgasıyla gelecekten gelen 'uyumlu' bir yankı dalgasının karşılaşmasıyla" oluşur.**

Daha iyi anlayabilmek için bu durumu bir faks makinesinin çalışmasıyla kıyaslayabiliriz: Bir faks gönderdiğimizde, bizim makinemiz seçilen makineyle iletişim kurmaya başlar ve o metne ait belli bazı sinyaller gönderir. Bilgi akışının başlayabilmesi sadece bu iki makinenin standart, ortak bir veri akışı alanında olmasıyla gerçekleşebilir.

"Geçmiş ve gelecek de (...) buna benzer bir şekilde iletişim kurar ve birbirleriyle karşılaşırken, yani yarı yolda şimdiki zamanda gerçekleşme ihtimali çok yüksek bir olaya uygun

---

* Bunu Washington Üniversitesi'nde matematikçi olan John G. Cramer keşfetmiş ve bugün doğrulanmakla kalmayıp aynı zamanda geliştirilmektedir.

** Jörg Starkmuth'un *Gerçekliğin Kökeni* adlı eserinden.

sinyaller oluşturur. Diğer bir deyişle, sadece geçmiş geleceği değil, gelecek de geçmişi etkiler!"*

Anlayışımız bu bilgiye uyum sağlamakta zorlanır, çünkü şimdiye kadar zamanın hep geçmişten günümüze doğru çizgisel olarak ilerlediğini düşünüyorduk. Peki, bu ilerleyişin tam ters yönde olması da mümkün mü? John G. Cramer'ın hipotezi geçerliliğini günümüze kadar defalarca kanıtlamış ve kuantum fiziğindeki bazı paradokslara ilk defa bir açıklama getirmiştir:

Gelecek de geçmiş kadar gerçektir.

Gelecek 'uzakta bir yerde' zaten var olmaktadır. Aksi takdirde geçmişe doğru, yani bizim şimdiki zamanımıza doğru dalgalar gönderemez. Sizin geleceğiniz de tam şu anda var olmaktadır. Ama kesin şekilde belirlenmiş değildir çünkü her an kendimize farklı bir gelecek seçebiliriz. Daha açık konuşmak gerekirse, en son bilimsel bulgulara göre, gelecek zaten şu anda var olduğu için ihtimallerden kendimize uygun bir gelecek seçebiliyoruz.

Peki, gelecek zaten varsa zaman nasıl işliyor? Gelecek o zaman zaten yazılmış değil mi? Hayır, çünkü geleceğimiz elbette ki şu an var olsa da birçok farklı değişken şeklindedir.

John G. Cramer'ın şaşırtıcı keşfini ortaya koyduğu 1980'den beri, bilimsel araştırmalar büyük bir atılım gerçekleştirdi. Eskiden tek bir gerçeklik üzerinde düşünürdük. Bu yüzden sadece tek bir geleceğin mümkün olduğuna inanırdık. Ama şu an *aynı anda paralel gerçekliklerin* var olduğunu biliyoruz.

---

* A.g.e.

Bu da isteğimizin enerjisine çok daha farklı bir gözle bakmamızı sağlıyor.

- Zaman bizim sandığımız kadar doğrusal bir şekilde ilerlemiyor ve her şey aynı anda gerçekleşiyor.
- Geçmiş şu anda, şimdiki zamanda ve gelecekte gerçekleşiyor.

Şu şekilde özetleyebiliriz. Bilincimiz tek bir zamanı tam anlamıyla algılayabilir. Başka bir zaman hakkında bilgimiz yok. Duyularımızın sınırlı olduğunu da düşünürsek, bu çok da şaşırtıcı değil. Görülebilir ışığın sadece %8'ini algılayabiliyoruz, bizi çevreleyen gerçekliğin %92'si duyularımızın erişimine kapalı. Ama biz algılayamasak da bu gerçeklik var oluyor. Kendi kendimizin ölçüm dayanağı yine biz olduğumuz için ve bizim de oldukça sınırlı bir kapasitemiz olduğu için bu gerçekliği algılayamıyor ve reddediyoruz.

Ancak etrafımız farklı *enerji*, *titreşim*, *dalga* ve *bilgilerle* çevrili.

Tek bildiğim, hiçbir şey bilmediğimdir.
SOKRATES

Bu bilgi ne kadar eskiye dayanırsa dayansın, günümüze kadar etkisini korumuştur. Cenevre'deki 4 milyar avroluk araştırma, merkezi CERN'de çalışan seçkin bir araştırmacı, televizyonda yayınlanan bir konuşmasında, günümüzde modern insanların gerçekliğin sadece %5'ini algılayabildiğini ve şu an sahip olduğumuz bütün teknik araçlara rağmen, bizi çevreleyen gerçekliğin %95'i hakkında hiçbir fikrimizin olmadığını belirtmiştir. Ayrıca kavrayamadığımız bu %95'lik kısımda, çözüm bulamadığımız tüm sorunların cevabı yatmaktadır.

Aynı araştırmacı İsviçre'de bu devasa araştırma merkezinin kurulmasının sebebinin en azından gerçeğin %1'ine bir göz atabilme umudu olduğunu söylemiştir. Sadece %1'lik bilgi 4 milyar avro!

> **Eğer dünyayı Tanrı yarattıysa, bizim onu anlayabileceğimiz şekilde tasarlama endişesi gütmemiş.**
> **ALBERT EINSTEIN**

Aslında doğruyu söylemek gerekirse, sadece hiçbir şey bilmediğimizi biliyoruz. Gerçeğin çok büyük bir kısmı bize yasaklanmış. Ancak bu kısım var olmaya devam ediyor ve algımızın ötesindeki bu gerçeklik, biz *nasıl* olduğunu anlamasak da bizi etkiliyor.

Zaman için de aynısı geçerli. Zaman konusunda da gerçekliğin sadece küçük bir alanını bilebiliyoruz. Duyularımız ve bilincimizle sadece şimdiki zamanı algılayabiliyoruz. Ama tam da şu anda geçmişin ve geleceğin bir arada var olduğunu biliyoruz. 'An' kavramı bizim oluşturduğumuz bir olgu, bu yüzden zaman aslında söz konusu değil ve 'anlar' da yok.

> **Zamanın çizgisel akışı, bizim doğamızın temsilinden başka bir şey değil.**

- Zaman doğrusal değildir. Her şey aynı anda gerçekleşir.
- İşte bu yüzden –her şey aynı anda gerçekleştiği için– gelecek geçmişimizi etkileyebilir.
- Sadece *tek bir* değil, sonsuz *sayıda* gerçeklik vardır.

Yalnızca *tek bir* gerçeklik yerine *birçok* gerçeklik aynı anda var olduğundan ve her şey aynı anda gerçekleştiğinden, geçmişten gelen ve bizi etkileyen yankı dalgaları da oldukça çeşitlidir. Bu yüzden şimdiki zamandan ya da geçmişimizden etkilenerek şekillenecek farklı gelecek ihtimalleri olasıdır. Daha açık konuşacak olursak, şimdiki zamanımız geçmişte yaydığımız teklif dalgalarından etkilenir. Bu duruma şöyle bir örnek verebiliriz: Konusu bizim kararlarımıza göre belirlenen bir filmdeki oyuncu gibiyiz. 'Mutlu son' bizim elimizde.

Gelecekteki bütün ihtimaller sinyallerini gönderir ve bu sinyaller bizim teklif dalgalarımızla karşılaşır.

Ancak bu dalgaların tamamı birbiriyle uyuşmaz ve kendi aralarında rezonans yaratmazlar. Bu yüzden, sadece dalgalar birbirine çok benzer olduğunda teklif ve yankı dalgaları arasında bir perdeleme oluşur. Böylece geçmişimiz – zaten yaymış olduğu dalgalar – ve sayısız gelecek arasından bir olasılık arasındaki bağlantı, yani bir uzlaşma oluşur. İşte ancak bu şekilde belli bir olayın meydana gelmesi için yüksek bir ihtimal oluşur.

Peki, gelecek dalgaları nereden gelir?

Dünyanın en tanınmış fizikçilerinden Fred Alan Wolf şu sonuca varmıştır: Bilinçli ya da bilinçsiz enerji yayan her insan – bu algıladığımız, düşündüğümüz veya inandığımız her şeyi kapsar – geleceğe zaten bahsettiğimiz gibi bir teklif dalgası gönderir, ancak bu dalga aynı zamanda geçmişe de yönlenir.

Daha doğrusu, bir dalga doğal olarak sadece mekanda değil, zamanda da küresel bir şekilde dağılır. Aynı anda, gelecekten de yankı dalgaları yayılmaktadır. Yani gelecekteki olaylar şimdiki zamanımıza enerji yaymaktadır. Oysaki gelecek, sayısız ihtimal içinde var olur "ve bu ihtimaller de içinde kendi geçmişlerine (yani benim şimdiki zamanıma) yankı gönderen sayısız ihtimal barındırır."*

Bizim yaydığımız teklif dalgaları, yüksek ihtimalle gerçekleşecek bir olay meydana getirmek için gelecekten yayılan uyumlu yankı dalgaları arar.

Bizden yayılan dalgalar her türlü gelecek ihtimalini dener ve teklif dalgamıza en uyumlu ihtimalle bir bağ oluşturur.

Teklif dalgalarımız tüm geleceğimizde hareket eder. Yaydığımız dalgalarla uyumlu olup olmadıkları konusunda her anımız – bir sonraki an da, gelecek yıl ya da on yıl sonra yaşayacağımız an da – teker teker denenmiştir.

Burada kuantum fiziği şu durumu ortaya koymuştur: Gelecekteki olayın gerçekleşmesi ne kadar yakınsa, rezonansı da o kadar keskin hale gelir. Başka bir deyişle "Gözlemlediğim bir olay gelecekte bana ne kadar yakınsa, bu olayın gerçekleşip gerçekleşmeyeceğine dair karar da o kadar kesin hale gelir."**

Yakın gelecekte gerçekleşme ihtimali bulunan tüm olayları şu andaki bilinç halimiz belirler.

* Jörg Starkmuth'un *Gerçekliğin Kökeni* adlı eserinden.
** *A.g.e.*

Eğer gerçekleşmesi beklenen olaylar daha uzak bir gelecekte yer alıyorsa, rezonansın keskinliği tabii ki azalır, ancak şu andaki bilinç halimiz de bu rezonansa daha net bir eğilim gösterir.

Fakat bilinç hali alanında bize enerji gönderen sayısız ihtimal var olduğundan, her bir ihtimalle iletişime geçmemiz mümkündür. Teklif dalgalarımız yankı dalgalarıyla iletişime geçip bir olaya dair bir ihtimal oluşturduğunda gerçekleşen de budur.

Bu şekilde, doğrudan istek seviyesine ulaşırız. Çünkü istemek, hayatımızdaki bu sayısız ihtimalden birini kendimize çekmekten ibarettir.

- İstek duyduğumuzda böyle bir teklif dalgası yayarız.
- Bu dalga bir yankı dalgasıyla iletişime geçer.
- Bir olaya dair bir ihtimal yarattığımızda, bu isteğin gerçekleşebilmesi için en yüksek şansa sahip oluruz.

İç dünyamızda sahip olduğumuz her şey
dış dünyada da karşımıza çıkar,
çünkü dış dünyamızın yaptığı tek şey
içimizdeki bilinci yansıtmaktır.

Sadece bilincimizi hedefe yönlendirdiğimizde
hayatta gerçekleşmesini istediğimiz şeylerle
aynı rezonans alanına girebiliriz.

İstek duyduğumuz olaylara ulaşmayı amaçlıyorsak
düşüncelerimizi, hislerimizi ve inançlarımızı
gözlemlemeye ve kontrol etmeye başlamalıyız,
çünkü düşündüğümüz veya hissettiğimiz
HER ŞEY
bir rezonans alanı yaratır.

Düşünce Gücü Maddeyi de Değiştirebilir mi?

Düşündüklerimizden ibaretiz.
Şu an olduğumuz kişi düşüncelerimizden doğar.
Düşüncelerimizle dünyayı yaratırız.
BUDA

Önceki bölümlerde kalbimizin yaydığı enerjinin ne kadar güçlü olduğunu okudunuz. Rezonansın kendisiyle benzer bir titreşim yayan bir alana ulaşması için uzaklığın da, zamanın da önemli olmadığını öğrendiniz. Artık düşünce gücümüzün kendi DNA'mız kadar başka bir DNA'yı da etkileme gücü olduğunu biliyoruz.

Bu bulgular şaşırtıcı olabilir, ancak bizim hayatımız ve isteklerimizin gücü konusunda tahmin ettiğimizden çok daha büyük, küresel bir etkiye sahipler. Çünkü kalbimizin yaydığı bu güçlü enerji sadece kendi bedenimizi değil, maddenin atomlarını bile değiştirecek kadar güçlü.

Bunu anlayabilmek için atomların diline küçük bir dönüş gerçekleştirebiliriz. Okul sıralarını arkanızda bırakmanızın ya da en son bir fizik kitabının kapağını açmanızın üzerinden çok zaman geçtiyse büyük ihtimalle atoma dair hâlâ eski, mekanik modeli hatırlıyorsunuz: Etrafında elektronlarla protonların döndüğü bir çekirdek. Bu model, katı parçacıklardan oluşur.

Ancak uzun zaman önce bu algı aşılmıştır. Güneş sisteminin minyatürünü andıran, parçaların birbirlerinin etrafında döndüğü bu yapı yeni bilimsel bulgular sayesinde geride kalmıştır. Günümüzde, sadece partiküllerin değil, farklı bölgelerde yoğunlaşan enerjilerin de söz konusu olduğunu biliyoruz. Elektron ve protonlara, hatta atomun çekirdeğine daha yakından bakıldıkça ve onlara dair araştırmalar yapıldıkça, bu partiküller de aynı derecede çözünür. Katı ve keskin partikül aslında enerji girdabından ibarettir. *Atom fiziksel bir yapıda değildir.* Daha çok yörüngesinde enerji yayan bir topaca benzer. Bu küçük enerji girdapları kuark ya da foton olarak adlandırılır.

Katı madde diye bir şey yoktur, sadece enerji vardır.

Bu enerji elektromanyetik alanlardan oluşur.

Şimdi kalbimizin yaydığı enerjiye geri dönelim. Aslında her durumda aynı enerji söz konusudur: Atomun enerjisi, beynimizdeki düşünceler ve kalbimizdeki inançlar yoluyla ortaya çıkardığımız aynı güç alanından oluşur.

Atomlar değişir.

Pieter Zeeman bunu 1896 yılında keşfetmişti. *Manyetik* bir gücün maddenin özünü değiştirebileceğini bulmuştu.

1913 yılında Johannes Stark bir elektrik alanının da aynı şekilde atomu etkileyebileceğini keşfetti. Elektrik alanı da atomu tıpkı manyetik alandaki gibi değiştiriyordu.

Kuantum fiziğindeki sayısız deney ve araştırmadan sonra, bir atomun içinde bulunduğu elektrik veya manyetik alan değişince atomun kendisinin de değişime uğradığını biliyoruz.

Bu bulgu, atomların sadece maddesel anlamda değil, gösterdikleri davranış anlamında da değişime uğradığını ortaya koyuyor.

Artık kalbimizin enerjisinin atomları değiştirecek güce sahip olduğunu biliyoruz. Yani dünyadaki herhangi bir atomu gerçekten değiştirebiliriz. Zamanın da, uzaklığın da bu süreçte önemi yoktur.

Bu elbette ki muhteşem bir şey. Bundan böyle sadece kendi inanışımızla sınırlı değiliz: Etrafımız üzerinde doğrudan bir etkiye sahip olduğumuz bilimsel olarak kanıtlanmış durumda. Belki isteklerimiz için ne kadar önemli bir anahtarı elimizde tuttuğumuzun artık yavaş yavaş farkına varıyoruz. Bu şekilde 'imkansız' görünen olaylar bile gerçekleşebilir. Bu olaylar bizim algımızda 'açıklanamaz mucizeler' olabilir, ancak bilim ve dünyadaki ruhani liderler için uzun zamandır bu durum bir sır değil.

Sevgili Bay Franckh,

Bugün inanılmaz bir şey gerçekleşti!

Birkaç haftadır bir ev almayı düşünüyoruz. Bunun için hisse senetlerimizi satmamız gerekiyordu. Dün borsada iflas ederek bir şok yaşadık. Tüm hisselerimiz serbest düşüşe geçmişti. Tüm gece gözümü kırpmadım; tek düşündüğüm, artık evimiz için gerekli parayı ödeyemeyeceğimizdi. Ardından bu duruma hisselerimizin yeniden yükselmesini dileyerek karşı koydum. Tüm gece bu düşünceyi besledim.

Bir sonraki gün eşim beni arayıp Volkswagen'ın hisselerinin yuvarlandığı uçurumdan çıkıp yükselişe geçtiğini söyledi. Bir sonraki saat içinde bu bahsi geçen hisseleri sat-

tık ve 5000 avroluk kazanç elde ettik. Aynı akşam hisseler yeniden düşüşe geçti.

En içten dileklerimle - ve teşekkürler!
Petra

En güçlü inancınızın ne olduğunu bulduğunuzda, hayatınızın anahtarını elinizde tutacaksınız.

Her Şey Birbirine Bağlı

Hayattaki mutluluğunuz,
düşüncelerinizin niteliğine bağlıdır.

MARC AUREL

Kalbimizin enerjisiyle, DNA'mızla veya düşüncelerimizin gücünü kullanarak beynimizle, istesek de istemesek de sürekli olarak dış dünyaya tepkiler gönderiyoruz ve bu tepkiler hangi yolla yayılmış olursa olsun, diğer insanların enerjilerine ulaşıyor. Onların enerjileri de aynı rezonans alanında bulunduğunda bizimkiyle uyum içinde titreşiyor. Bu gerçekleşmediği sürece bizim enerjimizden etkilenmiyorlar. Aynı şekilde onların enerjisi de bizimkiyle uyumlu olduğunda bizi çekiyor. Sürekli olarak enerji yayıyoruz ve alıyoruz.

Diğer tüm insanlarla aramızdaki bu bağ sayesinde hayatımızın kartlarını baştan karıp yeniden dağıtabiliyoruz. Bu sayede hayatımızdaki her şeyi – aşk dolu bir ilişki, iyileşme, arkadaşlık ya da maddi şeylerin getireceği tatmin – değiştirebilme imkanına sahip oluyoruz. Çünkü diğer tüm insanlarla birbirimize bağlıyız ve düşüncelerimiz ve inançlarımızla ürettiğimiz rezonans alanımız, diğer insanların rezonans alanlarında da aynı şekilde titreşim yaratıyor.

Bu yeteneği hedeflediğimiz şekilde uyguladığımızda hayatımızı kendi isteklerimiz doğrultusunda yeniden şekillendirme imkanını oluşturuyoruz. İnançlarımızla düşüncelerimizin gerçek içeriğini bilirsek, şüphe ve aşağılık hislerini reddederek bilinçli bir şekilde hayatımızı yönetmeyi öğrenebiliriz.

En önemli olan her zaman içimizdeki derin inançtır.

Özellikle inandığımız ve düşündüğümüz her şey hayatımızda gerçekleşir, tıpkı hastalıkların iyileşmesi veya olağanüstü başarıların gerçekleşmesi gibi. İkna olduğumuz her şey bize ulaşır.

Doğal olarak endişelerimiz de, onlara düşünce enerjisi verdiğimizde onaylanmış olur.

İçinde bulunduğumuz gerçekliğin kaynağı her zaman düşüncelerimizin sebep olduğu enerjide yer alır. Bu enerji korkularımızdan ya da geçmişe duyduğumuz saplantılı özlemden güç alıyor olabilir. Rezonans Kanunu'na göre umutlarımızı da, endişelerimizi de hayatımıza çeken bu düşüncelerdir.

Bizi çevreleyen her şeyden ayrı olduğumuza,
başımıza gelenler karşısında güçsüz olduğumuza,
kurban konumunda olduğumuzu,
her şeyin tesadüf olduğuna,
hayatın karmakarışık ve kaotik olaylardan oluştuğuna,
dünyada haksızlığın hüküm sürdüğüne,
hastalıklar konusunda hiçbir etkiye sahip olmadığımıza,
hayatta hiçbir şeye hakkımızın olmadığına,
talihe ve talihsizliğin körlemesine gerçekleştiğine,
vücudumuzun bizden bağımsız olduğuna,
kendi yaratıcılığımızın üstünde hiçbir etkimizin bulunmadığına ne kadar inanırsak
o kadar endişelerle dolu bir hayat yaratmış oluruz.

Aynı zamanda içimizde sadece bir boşluk ve yalnızlık hissederiz, çünkü kendi yaratıcılığımızdan uzaklaşırız ve bu şekilde kendi kutsal doğamızdan kopmuş oluruz.

Bu yalnızlıktan kaçmaya çalışırken hayatımızı yüzeysel olgularla doldurmamız da şaşırtıcı değil. Bu yüzden bizi asla mutlu etmeyecek amaçların peşinden gideriz ki bu yüzeysel olgular da hiçbir zaman hayatımıza gerçekten etki etmez. Kendimizi yaratıcılığımızdan kopardıkça, kendimizi kendi evrenimizin yaratıcısı olarak görmeyi başaramadıkça, hayatımızda gerçekten de rasgele ve karmakarışık olaylar art arda gerçekleşiyor gibi görünecektir. Ancak bu durumu hayatımıza çeken yine biziz. Bu kadar acı bir şekilde şikayet ettiğimiz bu durumu yine biz yaratıyoruz. Potansiyelin kaynağı bizde yer alıyor. Bu dünyada hiçbir şey bu sebep sonuç ilişkisinin dışında yer almaz.

Rezonans Kanunu her zaman 'evet' der.
Yasa, inancınız konusunda sizi her zaman onaylar.

Enerji, bir durumun ahlaki veya yararlı olup olmadığına bakmaz. Enerji sadece yaydığınız etkilere tepki verir.

Bu durum sonuçlar açısından neyi ifade eder? Buradaki mesaj umut doludur:

Her an, şu ana kadar kendi yarattığımız dünyanın dışına çıkma şansımız vardır.

Tek yapmamız gereken, bakış açımızda küçücük bir değişikliğe gitmektir. Örneğin, günlük hayatımıza başka bir gözle bakarak bu değişimi başlatabiliriz.

Bu işin anahtarı öncelikle bizi çevreleyen her şeyle nasıl bir bağlantı içinde olduğumuzu anlamakta yatar. Bir sonraki aşama da, bilinçli bir şekilde rezonans alanımızı hayatta istediğimiz deneyimleri elde etmek için nasıl değiştirebileceğimizi fark etmektir.

Kendimizi bu dünyanın bir parçası olarak görüp diğer insanlarla nesnelerden ayrı olmadığımızı anladığımızda, istediğimiz ve özlem duyduğumuz şeyleri hayatımıza çağırmak için ilk ve en önemli adımı atmış oluruz.

Bundan sonra da ihmalkarlık edip hiçbir olumsuz düşünceyi zihnimize sokmamamız gerekiyor, çünkü bu düşünceler de her şeye bağlı bir rezonans alanını meydana getiriyor ve hayatımızı istemediğimiz bir alana doğru sürüklüyor.

Her şeyle nasıl bağlantılı olduğumuzu anladığımızda, Evren'in en büyük gücüne erişebiliriz.

Eski inanç kalıplarımızı, kendimize ve görüşlerimize yüklediğimiz inanışlarımızı değiştirirsek, şimdiye kadar negatif enerji alanıyla rezonans halinde titreşen tüm olay ve kişilerle olan bağımızı da koparmış oluruz; yani bunlar hayatımızdan kaybolur. Bunun yerine pozitif düşüncelerle uyum içinde titreşen, yeni deneyim ve planlarla çevrelenmiş yeni bir rezonans alanına girmiş oluruz.

Sekiz buçuk yıl önce bir dava sürecinde yer alan Maria, geçirdiği radikal değişimi oldukça etkileyici bir şekilde bana yazmış:

Bir arkadaşım için hediye arıyordum. O sırada sizin Sadece İste - Ama Doğru İste *kitabınızı keşfettim. Her şeyi unuttum ve kitapçıdan yüzümde ışıl ışıl bir gülümsemeyle çıktım. Hiç olmadığım kadar mutluydum çünkü sorunumun çözümünü bulmuştum!*

Peki sorunum neydi? Bir avukata dava açma cesaretinde bulunmuştum. Yazılı ve sözlü aşamalarla süreç toplam sekiz buçuk yıl sürmüştü! Elbette ilk davamı kazanmıştım, ama o ne bunu kabul etmek, ne de ödeme yapmak istiyordu.

Pes etmedim ve süreci takip etmeye devam ederek şikayette bulundum ve işe yaradı!

Asliye Hukuk Mahkemesi benim davamı kabul etti. Hiç bitmeyecek bir poker oyununun parçası olmuş gibiydim! Mağdur taraf olmamı saymıyorum bile.

Bu dilek kitabı tam zamanında elime ulaştı...

O andan itibaren tüm kuralları uyguladım. Neyse ki her şeyin iyi olacağına inanma konusunda bir sıkıntı yaşamadım. Çünkü gerçekten 'en son ölen şey umuttu.'

Dava günü sakince arabama bindim. Mahkemeye gidene kadar olumlamalarımı mırıldanıp durdum ve tamamen mutluydum.

Avukatım beni bu kadar sakin ve gevşemiş görünce afalladı. Ona davayı kazanacağımızı o kadar emin bir şekilde söyledim ki bir an nutku tutuldu.

Daha sonra her şey çok hızlı gerçekleşti. Her şey topu topu kırk dakika sürmüştü ve buz gibi bir şampanya pat-

latmaya hak kazanmıştık: 140.000 avroluk zararımın tamamını geri alabilmiştim. Karşı taraf temyize bile gitmedi.

Kitabınızdaki bütün ipuçları için çok teşekkür ederim!

Maria

Maria başarılı olacağına ikna olmuştu ve en küçük bir şüpheye düşmeden etrafına bu enerjiyi yaydı. Ayrıca inançları 5000 kat daha güçlü şekilde yayıldığından, başarının gelmesi onun için kesinleşmişti. Rahat, sakin ve güven dolu hissederek başarıya ulaşmıştı.

İstemeye başlamadan önce
hayatınızı hangi yönde değiştireceğinize
karar vermeniz gerekir.
Bütün ihtimaller mümkündür.
Yani var olan ihtimallerin her biri...

O zaman, dönüşmek istediğiniz kişiyi düşünün.
Daha sonra şu an olduğunuz kişiye bakın.

Eğer arada büyük bir fark varsa
o zaman hızla inancınızı
olmak istediğiniz kişiye yönlendirmeniz
ve olmak istemediğiniz bu kişiyle vakit kaybetmeyip
gündelik hayatınızı şu anki kişiliğinize göre
yaşamayı bırakmanız gerekir.

Rezonans Kanunu

- Her şeyi birbirine bağlayan bir enerji alanı vardır.
- Bu enerji alanı, bizim rezonans alanımızla iletişim kurar.
- Rezonans alanımızı duygularımızın, düşüncelerimizin ve özellikle de inançlarımızın enerjisiyle oluştururuz.
- Bu enerjiyi kalbimizle, DNA'mızla ve düşüncelerimizle yayarız.
- Rezonans alanı için uzaklığın da, zamanın da önemi yoktur.
- Rezonans alanı sayesinde herkesle ve her şeyle aramızda bir bağ kurulur.
- Bizimle rezonans içine giren her kim ya da her ne olursa olsun, bu duruma tepki vermekten başka şansı olmaz.
- Bizimle rezonansa giren her şey istisnasız hayatımıza çekilir.
- Biz de aynı şekilde diğer rezonans alanlarına karşı koyamayız ve bizimle uyum içinde titreştiklerinde onlara çekiliriz.

2. BÖLÜM

İSTEKLERİNİZLE AYNI REZONANSA GİRMENİN ETKİLİ YOLLARI

Hangi Rezonans Alanında Bulunuyorsunuz?

Düşüncelerinize dikkat edin,
onlar hareketlerinizin başladığı yerdir.

ÇİN ATASÖZÜ

Kitabın bu kısmında, istemenin pratiği üzerinde duracağız. Burada doğru istek enerjisini en hızlı şekilde ortaya koyabilmek için yöntem ve tavsiyeler bulacaksınız. Bu egzersizleri uygularken istediğiniz enerjileri yayabilmek için her zaman doğru rezonans alanını üretmeniz gerektiğinin farkında olmalısınız. Eğer bu alana ulaşırsanız, dünyada istediğiniz her şeyi elde edebilirsiniz.

İsteklerimizin rezonans alanına girmek için birçok farklı yöntemden yararlanabiliriz. Sonraki bölümlerde, benim kendi hayatımda en kolay ve en etkili olduğunu gördüğüm yöntemlerden bazılarını anlatacağım.

En iyisi, bu tekniklerin içinde sizi en mutlu edenleri seçmektir çünkü rahatlık ve mutluluk isteklerinizin hedefini açığa çıkarmak için en etkili enerji desteğini oluştururlar. Eğer bu konuda fazla ciddi bir tavırla ya da kendimizi zorlayarak çalışmaya başlarsak, mecburen baskı altına alınmış, ciddi ve negatif bir rezonans alanı oluşturmuş oluruz. Hayatımıza çektiğimiz de doğal olarak zorlama bir ciddiyet olacaktır.

Bütün yöntemler sizde bir anda işe yaramayabilir ya da en sevdiğiniz seçeneklerden olmayabilir. Hatta bazı teknikler için içinizde bir direnç, üzüntü ya da şüphe hissedebilirsiniz. Başta olumlu cümlelerinize inanmakta ya da içinizde güçlü bir imge oluşturmakta güçlük çekebilirsiniz. Bu tamamen normal. Hayal kırıklığına uğrayıp sinirlenmeyin, çünkü bu yaklaşım – Rezonans Kanunu'na da uygun şekilde – içinde bulunduğunuz durumu zorlaştıracaktır. Bunun yerine şöyle düşünün:

Düşündüğünüz, hissettiğiniz ve inandığınız her şeyi hayatınıza çekersiniz.

Bir yöntemden diğerine sürekli atlayıp durmak da, aynı anda hepsini birden denemeye çalışmak da gerekli değildir. Güvenle ve rahatça uygulayabileceğimiz tek bir yöntem keşfettiğimizde, isteksizce uygulayacağımız birçok yöntemden daha fazlasını elde etmiş oluruz.

Uyguladığınız yöntemden ne kadar zevk alır ve mutluluk duyarsanız, ilk sonuçları görmeniz de o kadar çabuk olur.

İstek yöntemlerine başlamadan önce küçük bir çalışma yapıp şu anda hangi rezonans alanlarında yer aldığımızı gözlemlememiz gerekir.

Bu, nispeten kolay bir süreçtir. Dış dünyamızda bulunan şeyler zaten aslında iç dünyamızda yer alan şeylerden meydana geldiği için, bizi doğrudan çevreleyen sistem, şu an hangi rezonans alanını yaydığımıza dair güzel bir ders niteliğindedir.

Peki, genel olarak neden böyle bir çalışma yapmalıyız?

Eğer etrafımızda bizim için kötü titreşim alanları bulunuyorsa, en uygun rezonans alanını oluşturmak için çabalamamız gerekir: Bizi çevreleyen alan, olmak istemediğimiz eski kişiliğimize dair özellikleri bize getirecektir ve böylece yeni rezonans alanlarımızı çökertecektir. Var olan her şey bize bekar, yalnız, kafası karışık, acınacak halde, zavallı, yetersiz ve annesinin eteğine yapışmış bir çocuk gibi olduğumuzu hissettirecektir.

Bizi çevreleyen rezonans alanı, bizim yarattığımız istek enerjisi gibi bizi uzun vadede etkiler.

Rezonans alanımız
içimizde derinden titreşen bir matriks gibidir.
Dışarıya, bizi varlığımızın özüne bağlayan
bilgiler gönderir
ve bu bilgilerin benzerlerini de bize çeker.

Böylece bizi çevreleyen alanı
bir 'ders sistemi' olarak kullanabiliriz.

Bize ulaşanları ya da daha doğrusu
hayatımıza 'çektiklerimizi' düşünerek,
neyi yapmaya 'programlandığımızı' okuyabiliriz.

Diğer her şeyle aramızdaki dayanışma,
kendimizi anlamamıza yardım eder
ve bu potansiyelden yararlanmamızı sağlar.

Rezonans Alanları Kişisel Gelişiminizi Engellediğinde

Uyanmanız gereken bir an var.
O da şu an.

BUDA

Yabancı rezonans alanlarından etkilenmemizin son derece olası olduğunu biliyoruz. Bunu gündelik hayatımızda sıkça deneyimleriz.

Örneğin şu an sakin ve huzurluysak, öfkeli ve mutsuz tek bir insan bile çoğu zaman bu halimizi bozmaya yeter. Birkaç saniye içinde kendimizi inanılmaz derecede gergin bir tartışmanın ortasında buluveririz. Böyle bir tartışma bir anda tutuşan çalılar gibi patlak verir. Bu durumda bazen istemediğimiz şeyleri söyleriz ya da daha sakin bir şekilde düşününce pişman olacağımız aceleci kararlar alırız.

Olayın ardından, böyle bir tartışmaya nasıl sürüklendiğimize ve böylesine huzurlu ve uyumlu geçen bir günün nasıl da tersine döndüğüne çoğu zaman çok da anlam veremeyiz.

Aslında cevap çok basittir: Başka birinin rezonans alanına girip sonunda bu alanın etkisi altında kalmışızdır. Başka bir deyişle, bizim titreşim enerjimiz o kişininkine uyum gösterdiği için, istesek de istemesek de yabancı bir enerjinin etkisi altına gireriz.

Ama biraz daha yakından bakarsak, bu enerjinin bize o kadar da yabancı olmadığını görürüz. Çünkü bu enerji aynı miktarda bizim içimizde de olmasaydı, ondan etkilenmemiş olurduk. Bu enerjiyle rezonansa girmezdik. Sözde 'yabancı' bu enerji bize titreşimini taşımamış olurdu.

Kavgacı birinin bizi enerjisiyle kirletmesine izin veriyorsak, bu, bizim içimizde de kavga potansiyeli bulunduğundandır.

Aslında istediğimiz herhangi biri olabiliriz. Tüm duygu yelpazesi içimizde yatar. Sakin, âşık, duyarlı, öfkeli, kederli, kıskanç, meczup ya da şüpheci olabiliriz. Örneğin, eğer sevgi ve sempati dolu biriyle karşılaşırsak, biz de yumuşar ve bu sempatiyi derinden hissederiz. Bu iki ruh hali – öfke ve sempati – içimizde yatar; öyle olmasaydı bu enerjiye giremezdik.

İçimizdeki hangi titreşim enerjisini etkin hale getirmek istediğimiz sadece bize bağlıdır.

Bu tamamen bizim elimizdedir.

Sonuç olarak, bu yabancı titreşim enerjilerinin bizi olumsuz etkilemesine izin vermeyecek kadar değerli ihtimallerin var olduğunu yeterince biliyoruz. Örneğin bir mabede girdiğimizde, tamamen bu duruma uyum gösteren bir davranış sergileriz ki bu sadece bizden böyle bir davranış beklendiği için değil, hemen o mekanın huzur dolu titreşiminden etkilenmiş olmamızdandır. Bu enerjiyi yakalarız ve daha sakin, daha huzurlu hale geliriz. Bazen içimizdeki bu huzur hissi sokağa çıktığımızda ve günlük etkinliklerimize döndüğümüzde bile devam eder.

Ruhani ya da heyecan verici bir kitap okuduğumuzda ya da rahatlatıcı bir müzik dinlediğimizde de aynı etkiyi yaşarız. Bir anda diğer insanların seslerini ya da rezonanslarını alırız ve biz de onlarla uyumlu hale geliriz. Burada yaptığımız tek çalışma o alana gitmiş olmaktır (kutsal bir mekana, kitap okunan odaya…)

İstediğimiz enerjiye yakınlaşarak, zaten mevcut rezonans alanlarından faydalanmış oluruz.

Ancak bazen isteklerimizin tam aksinde yer alan rezonans alanlarında kalırız; kendimizi, şüpheleriyle bizi güçsüzleştiren ya da bizi düşüncelerimizin işe yaramayacağına ikna etmek isteyen kişilerin arasında buluruz. Şüpheci insanların rezonans alanına girdiğimizde şüpheye düşmemiz şaşırtıcı değildir. Çoğu zaman bu değişim çok yavaş bir akış halinde gerçekleşir. Bu yüzden zaman zaman bizi ileri taşıyacak doğru rezonans alanlarında olup olmadığımızı kontrol etmek iyi bir fikirdir.

Konferanslarımın birinde bir kadın bana bir kitap yazdığını ve bir danışmanın yardımına başvurmak istediğini söyledi. Bu iş için başvurduğu kadın da başarılı bir yazardı ve ona uygun bir editör bulması için yardım edecekti. Ama bu dinleyicim bana, hiç de bir kitap yazdığı için teşvik olmuş ve neşeli görünmedi. Bundan ziyade, danışmanı ona ilk kitabının çok satanlar listesine giremeyeceğini, bunun imkansız olduğunu söylediği için kaygılı ve dertli görünüyordu. Danışmanın kendisi bile çok satanlar arasına girmeden üç kitap yayımlamıştı.

Dinleyicim benim fikrimi duymak istiyordu. Bu kadından danışmanlık almaya devam etmeli miydi? Ona bu danışmanın kendisine nasıl hissettirdiğini sordum; teşvik oluyor muydu, yoksa cesaretini mi kaybediyordu? Bana, danışmanın cesaretini kırdığını söyledi. Ona bu durumda para ödeyenin kim olduğunu sordum (Tabii ki danışmana para ödeyen kendisiydi). Ve hemen sorunun kaynağını yüzüne vurdum: "Neden cesaretini kıran birine para ödüyorsun? Neden sana cesaret verecek birini aramıyorsun? Niye bir kitap yayımlatmanın zorluklarının üstesinden güçlü ve mutlu bir şekilde gelmeni sağlayacak birini bulmuyorsun? Bu durum, sırf televizyon için vergi verdik diye korkunç ve hoşumuza gitmeyen bir programı izlemeye devam etmek gibi bir şey."

Birinin bize iyilik yapmadığını fark ettiğimizde, hiçbir şekilde o insanın yanında kalmak ve kendimizi bu yıkıcı etkiye maruz bırakmak zorunda değiliz.

Tabii ki bazen planlarımızda bu kişiden başkasının bize eşlik etmeyeceğine inanıyoruz ve en azından biri bizim yanımızda olduğu için kendimizi şanslı sayıyoruz. Ama bunu aslında mantığımız bize fısıldıyor ve bu da 'mucizeler' yaratmaya yetecek bir sebep değil. Mantığımız çoğu zaman bizi aşağılık kompleksi konusunda doğrulamaya çalışır. Ama bu düşünce yapısından çıkmak istiyorsak bir an önce büyümemizi ve gelişmemizi sağlayacak yeni bir rezonans alanı bulmamız gerekir.

Çevrenizi sizi teşvik eden insanlarla doldurun!

Çevrenizi sadece size inanan, sizin gücünüzün farkında olan, muhteşem yeteneğinizi ve potansiyelinizi gören, sizin amaçlarınıza bağlılık duyan ve sizi bu konuda destekleyen insanlarla kuşatın.

Tutkularınız konusunda sizi durduran ve sizin gücünüzle yaratıcılığınıza inanmayan insanların yanında neden durasınız ki? Buna katlanmak zorunda olduğunuzu size düşündüren ne? Hayatımız akıcı ve duru olmalı; kendimizi aşabilmemiz ve yeni yollara adım atabilmemiz için güçlü, pozitif, bizi ileriye taşıyan, büyümemize yardım eden bir enerjiyle dolup taşmalıyız.

Ama çoğu zaman bizi engelleyen ya da gelişimimizi durduran insanları yanımızda barındırırız, çünkü bu duruma geçmişten beri alışığızdır. Belki bu enerjiyi anne babamızdan, kardeşlerimizden, tanıdıklarımızdan ya da daha uzak akrabalarımızdan görmüş olabiliriz. Bu enerji üzerimizde olumsuz bir etki bıraksa da bazen kendimizi 'evimizde gibi' bile hissedebiliriz!

Ama bu tanıdık ve negatif enerjiye takılıp kalırsak, hayatımıza pozitif deneyimleri çekmemizi sağlayacak yeni bir rezonans alanı oluşturmakta güçlük çekeriz.

Tüm bunları anlattıktan sonra dinleyicim hangi engele takıldığını fark ettiğinde bir kahkaha attı. Birden, bu kadının kendi üzerinde nasıl böyle bir güç elde etmesine izin verdiğine ve bir de bunun için para ödediğine şaşırıp kaldı!

Belki sizin içinde bulunduğunuz durum da buna benziyordur. Negatif rezonans alanlarını hemen fark edemeyebiliriz, bazen onları sadece dikkatli bir şekilde araştırdığımızda ve düşündüğümüzde görürüz.

Bizi çevreleyen enerjileri açıkça görebilmek için çok basit ve hızlı bir yol vardır:

- Neredeyse her gün yanınızda olan arkadaşlarınızın, tanıdıklarınızın ve akrabalarınızın listesini yapın.
- Daha sonra her ismin yanına bu insanda hissettiğiniz özellikleri yazın. Mesela 'rahatlatıcı, neşeli, mutlu, yardımsever' ya da 'sürekli eleştiren, kıskanç, açgözlü' yazabilirsiniz.
- Ama çok uzun süre düşünmeyin. Bu özellikleri rasgele yazın. İlk aklınıza gelen her zaman en iyisidir. Çok uzun süre düşünürseniz mantığınız araya girebilir ve sizi bazı değişiklikler yapmaya yönlendirebilir.

Böylece hızlı bir şekilde, etrafınızdaki insanların sizi güçlü mü hissettirdiklerini ya da sınırlayıp aşağılık hissine mi sürüklediklerini görebilirsiniz. Cevap vermekte zorlanıyorsanız şu soruları sorun:

- Sizi çevreleyen alandaki baskın enerji,
  planlarınıza destek mi oluyor, yoksa onları engelliyor mu?
- Etrafınızdaki alan size güç ve enerji veriyor mu?
- Kendinizi korunmuş hissediyor musunuz?
- Güven duyuyor musunuz?
- Desteklenmiş gibi hissediyor musunuz?
- İsteklerinizi açığa çıkarabiliyor musunuz?
- Sizin mutluluğunuza dair endişelendiklerini hissediyor musunuz?
- Kendinizi gerçekten olduğunuz gibi gösterebiliyor musunuz?

Eğer bu sorulara verdiğiniz cevaplar sizde soğuk duş etkisi yaratıyorsa, bu durum çok da şaşırtıcı değil. Eğer her şey farklı ilerleseydi, zaten farklı bir titreşim alanında olurdunuz ve daha farklı enerjileri ve insanları hayatınıza çekmiş olurdunuz.

İkinci aşamada daha da ileriye gideceğiz:

- Listede sizin gücünüze ve yaratıcılığınıza inanmayan hemcinslerinizi işaretleyin.
- Belki de şu soru üzerinde düşünmek istersiniz: Başka insanların sizin hayatınıza kendi yargılarını getirmelerine, sizi değersiz hissettirmelerine ya da olumsuz etkilemelerine daha ne kadar izin vermek istiyorsunuz? Listenizin üstüne belli bir tarih yazın: bir gün, bir ay, bir yıl, tüm bir hayat. Böylece hayattaki gerçek planınızı fark edebilir ve bu konuda kendinize destek olabilirsiniz.

Bu insanlara hayatınızı bu şekilde etkileme yetkisini veren tek bir kişi var, o da sizsiniz. Hayatınızı tepetaklak etmeleri için bu insanları davet eden sadece sizsiniz. Gelecekte bu durumu nasıl idare edeceğiniz de sizin kararınız olacak.

- Sizi ileri taşıyan, destekleyen ve her zaman yanınızda olan insanların listesini tekrar çıkarın. Bu kişilerin sayısı çok olmayabilir, ancak her zaman bizi koşulsuz şartsız destekleyecek birileri bulunur. Bunu düşünün. Belki bu 'arkadaşınızı' unuttunuz ya da hayatınızın merkezinden uzaklaştırdınız. Veya bu kişi yanınızda olsa da artık onu çok göremiyorsunuz ve bu 'arkadaşlığı' oluruna bıraktınız.
- Sizi destekleyen ve geliştiren bu kişilere daha fazla zaman ve öncelik vermeye çalışın.

Size yardım etmeye hazır olan ve hayatınıza minnet, saygı ve onur getirecek kişileri etrafınızda toplayın.

- Hayatınızda böyle kişiler yoksa, zihinsel rezonans alanlarınızı kullanın.
- Sizin tüm potansiyelinizin farkına varacak böyle insanların olduğunu bilin.
- Böyle insanların hayatınıza gireceğinden emin olun.
- Her şeyden önce, kendi potansiyelinizin farkına varın.
- Kendinize saygı duymaya, kendinizi sevmeye ve kendinize düşünceli ve şefkatli bir şekilde yaklaşmaya başlayın. Ne kadar çok bu hedefte ilerlerseniz, içinde bulunduğunuz alan da o hızla değişir.
- İstediğiniz rezonans alanına olabildiğince hızlı ulaşmak için en büyük adım, diğerlerini de kendi istekleri konusunda geliştirmektir. Ne kadar verirsek, karşılığını o kadar alırız. Benzerin benzeri çektiğini düşünürsek, etrafınız hızla sizin cömertliğinizi yansıtan ve sizi geliştirmek isteyen insanlarla dolacaktır.

Rezonans alanında yer alın.

Tabii ki bu, sırf isteklerinizi gerçekleştirmek için ailenizi ve arkadaşlarınızı birden terk edeceğiniz anlamına gelmiyor. Kendinizi, isteklerinizin zaten başkaları için gerçekleştiği bir yere yönlendirmelisiniz. Aksi takdirde, yani etrafınızı isteklerinizin gerçekleşeceğine veya inançlarınızın potansiyeline inanmayan insanlarla doldurduğunuzda, titreşim enerjinizi olumlamalarla, görselleştirmeyle ya da hedeflenen bedensel egzersizlerle artırsanız bile, oluşturacağınız rezonans alanı size allak bullak, engellenmiş, hatta çökmüş hissettirecektir.

Olumsuz rezonans alanları gelişimimizi altüst edebilir.

Tam tersine, pozitif rezonans alanları bizi olumlu etkiler ve içimizde gelişimimizi destekleyecek titreşimler oluşturur. Böylece, isteklerimizi gerçekleştirmemize katkıda bulunacak bu rezonans alanlarından yararlanırız.

Dünya tamamen önünüze serilmiş durumda. Bu her zaman böyleydi. Enerjinin size doğru akabilmesi için tek yapmanız gereken, karşınızda duran kapıyı aralamak. Siz hazır olduğunuzda, gerisini rezonans alanı halledecek.

Siz sadece isteklerinizin gerçekleşeceği yere gidin. Aslında bu şekilde iki kat fayda elde edeceğiz; isteklerimizin yaklaşması sayesinde, ayna nöronlar gibi daha farklı yardımlar almaya başlayacağız.

Ayna Nöronların Armağanı

İsteklerimiz, içimizde yatan potansiyelin habercileridir.

JOHANN WOLFGANG VON GOETHE

Parma Üniversitesi'nde, Profesör Giacomo Rizzolatti'nin öncülüğünde çalışan nörologlar, doksanlı yıllarda ilginç bir olayı keşfettiler. Beyindeki bazı bölgelerin motor süreçlere dair anıları depoladığını ve deneyim sahip olmasak bile bu süreçleri tekrarlayabileceklerini buldular. Bu beyin hücreleri, basit bir hareket gözlemlenirken bile uyarılıyordu.

Beynimiz, bazı hareketlere dair süreçleri, biz o hareketleri gerçekleştirmemiş olsak bile depolar.

Bu bilimsel açıdan tamamen yenilikçi ve şaşırtıcıydı. Sadece gözlem yapıldıktan sonra depolanan bu anılar, o alanda herhangi bir egzersiz ya da çalışma yapmamış olsak bile, benzer motor süreçleri zorlanmadan gerçekleştirmemizi sağlıyordu. Bu deneyim ne olursa olsun, yeni yetenekleri ortaya koymak için, bu alanda bir anımız olmasa da nasıl hareket etmemiz gerektiğini bilebiliyorduk.

Beynimizdeki özel bir nöron grubu bu şaşırtıcı etkiden sorumludur. Bu nöronlara 'ayna nöronlar' denir. Bir yandan bu nöronlar, ip üstünde dengede durmaya çalışmak gibi alışkın olmadığımız hareketleri yaparken etkin hale gelir. Ama öte yandan, başka birinin ip üstünde dengede durmak gibi alışılmadık bir hareket yaptığını izlerken de aktif hale geçerler. Yani ayna nöronlar başkalarında izlediğimiz hareketleri yapabilme kapasitesini içimizde oluşturur.

Tıp bu etkiyi başarıyla kendisine mal eder. Örneğin felç geçiren hastalar, musluğu açmak gibi elleriyle gündelik olarak yapacakları hareketlere dair film veya videolar izlediklerinde, bu hareketleri yeniden gerçekleştirebilirler.

Ben de ilk gençlik yıllarımda çok etkileyici bir deney yapmıştım. O zamanlar gitar çalabilmek için çok çabalıyordum. Maalesef bana çok da ilham veremeyen bir hocam vardı ve bu yüzden gözle görülür bir başarı ortaya koyamıyordum. Ama bir akşam İspanyol gitar virtüözü Manita de Plata'nın konserine gittim.

Hevesle dolup taşıyordum. En ön sıradaydım, büyülenmiştim ve adeta her notayı yutuyordum. Aynı gece gitarımla İspanyol şarkılarından nakaratlar çaldım ve hiç olmadığım kadar iyiydim. Sanki bu teknikleri zaten çalışıyordum.

O zamanlar, İspanyol müziğine dair bir gecede kazandığım bu yetenek karşısında büyülenmiştim. Şimdi bana bu kapasiteyi sağlayanın ayna nöronlar olduğunu biliyorum.

- Eğer kapasitemizi artırmak istiyorsak, başka insanları gözlemleyip bu 'bilgileri' kendi deney dünyamıza katmamız yeter.
- Ayna nöronlar, sıra dışı bir hızla ilerlememiz için bize yardımcı olur.
- Bu girişimler tabii ki harekete de dökülmelidir. Nöronlar bu anlamda 'ilk adımlar'dır.

Bazen gözlem yaparken olayla aramızdaki mesafeyi tamamen kaybeder, bedenimiz ve ruhumuzla bu olaya katılırız. Bunun sorumlusu da ayna nöronlardır. Örneğin kendimizi bir sporcuyla özdeşleştirdiğimizde, onunla birlikte ısınma hareketleri yaparız. Bilinçsizce, sanki o hareketi yapıyormuşuz gibi antrenman yapmaya başlarız. Eğer kendimizi yerine koyduğumuz sporcu için kritik bir karar aşaması meydana gelirse – bir boks maçında, eskrim turnuvasında ya da futbol maçında penaltı noktasında – kaslarımız gerilir, nabzımız ve nefesimiz gözle görülür şekilde hızlanır. Kendimizden bağımsız bir heyecan duyarız, artık hislerimizin kontrolü bizde değildir; bağırırız, elimizi kolumuzu oynatırız, güleriz ya da büyük bir sevinç duyarız. Elimizde cips poşeti, televizyon karşısında oturuyor olsak da bu duyguları sanki biz sahadaymışız gibi yaşarız. Bütün vücudumuz bu deneyime katılır.

Bunun sonucunda, ayna nöronlar bize kendimizi başkalarının yerine koyma şansı sunar. Biz ve diğer insanlar arasındaki ayrımın ortadan kaldırılmasından sorumludurlar. Onlar sayesinde içimizde acıma, iğrenme ya da mutluluk gibi hisleri deneme ve bu hisleri anlayıp kendimiz üretme fırsatını yakalarız. Ama en önemlisi, bu deneyimleri sanki kendimiz yaşamışız gibi hissederiz.

Gözlemlediğimiz hareketleri zihinsel olarak gerçekleştirirken, bu hareketler zihnimizde anı olarak kaydolur.

Görselleştirmenin Gücü

Seksenli yıllarda Apollo görevinden Dr. Denis Waitley, son derece ilgi çekici bir görselleştirme programı düzenlemişti. Waitley, Olimpiyat Oyunları'nın katılımcılarından, müsabaka öncesi performanslarını gözlerinde canlandırmalarını ve zihinsel olarak belirttiği şekilde bunu tekrarlamalarını istemişti. Araştırmadan en yüksek verimi alabilmek için, katılımcılar biyolojik geri bildirim makinelerine bağlanmıştı. Sonuçlar akıl almaz seviyedeydi: Katılımcılar bu alıştırmayı zihinsel olarak yapmakla kalmamıştı, kasları bunu gerçek gibi algılamış ve müsabakayı gerçekten yaşarken verecekleri tepkileri vermişti. Kas etkinlikleri tamamen aynıydı.

Günümüzde birçok profesyonel sporcu ayna nöronların bu etkisinden haberdardır. Buna 'zihinsel antrenman' denir. Müsabaka başlamadan önce sporcular, gereken motor süreçleri zihinlerinde tekrar tekrar, bilinçsizce yapacak seviyede aşina gelene kadar canlandırırlar. Bazı deneyimleri sadece zihinlerinde canlandırıp gözden geçirirler. Ayna nöronlar sayesinde, müsabaka sırasında gereken motor süreçlere göz açıp kapayıncaya kadar ulaşabilirler. Sanki çok uzun zamandır, binlerce defa bunu yapıyor gibidirler ve çok daha fazla deneyime, kapasiteye, tepkiye ve beklentiye sahipmiş gibi görünürler.

Bu yüzden her geçen gün daha fazla sporcu, müsabaka daha gerçekleşmeden, başından sonuna kadar her şeyi gözünün önünde canlandırır. Başlangıç noktasında bekleyen 100 metre koşucuları, zihinlerinde çoktan yarıştaki yerini almıştır. Vücutları her şeyi tekrar eder, her bir hücre kendisini mücadeleye ve korkuya hazırlar ve kurgulanmış deneyimi geri çağırır.

Ancak en önemlisi, vücutları, sporcu tarafından zihinde hazırlanmış kurguyu ortaya koymaya tamamen hazırdır.

Profesyonel sporculara bu kadar uzun süre boyunca, bu noktaya gelene kadar kendilerini nasıl motive ettiklerini ve nasıl olup da gerçek olduğuna inanamayacağımız seviyede çalıştıklarını sorduğumuzda, çoğu zaman aynı şeyi söylerler: Hedeflerine ve ulaşacakları noktaya odaklanmaktan başka bir şey yapmamışlardır. Bu hedefe ulaşma beklentisinin getirdiği heyecan o kadar yoğundur ki geri kalan her aşama önemsizmiş gibi görünür. Bu şekilde hedeflerine ve zafer sevincine bağlanmış olurlar.

'Başarı' rezonans alanı oluşturmak zorundayız.

İstediğimiz hedefe doğru ne kadar yönelirsek, 'zaferi' de o kadar yoğun biçimde zihnimizden geçiririz ve aynı yoğunlukla bizim yaydığımız ve başkalarının aldığı bir rezonans alanı oluşturmuş oluruz. Böylece bu amacı gerçekleştirme konusunda bize yardım edecek her şeyi hayatımıza çekmiş oluruz. Ayrıca tüm vücudumuz da istenilen bu olaya uyum sağlamış olur.

Aslında günümüzde, görselleştirme gücümüzü ortaya koymak istersek, beynimizde bir tür 'nöron bağlantıları kütüphanesi' oluşturabileceğimizi biliyoruz.

Bu bakış açısı sayesinde, görselleştirmenin derin etkinlik dünyası bizim için anlaşılır hale geliyor. Bilinçli bir şekilde, istediğimiz durumların zihinsel yapısı içinde yer aldığımızda, rezonans alanımızı en iyi hale getiriyor ve inançlarımızı güçlendiriyoruz. Ayrıca ayna nöronlarımızı etkin hale getiriyor ve en doğru zamanda daha güçlü hale gelmelerini sağlıyoruz.

Beynimiz sanki bu olaylar sayesinde yeterince deneyim toplamış, gerekli adımları atmak için en iyi zamanın hangisi olduğunu hep biliyormuş ve sanki kendini sakinlik, güven ve bilgi yardımıyla etkiliyormuş gibidir. Vücudumuz kendini korunmuş hisseder, herhangi bir anda şaşkın veya bitkin düşmez.

Ben şahsen uzun zamandır, önemli karşılaşmaları ve sonuçları aklımda tutma ve istediğim şeyi zihnimde canlandırma alışkanlığı geliştirdim. Böylece kendimi her zaman emin ve konuya hâkim hissediyorum, hızla tepki verebiliyorum ve olayların akışını kolayca etkileyebiliyorum.

Üstelik ayna nöronlar çok önemli başka bir şeyden de sorumlular. Bize bazen bizim de hissettiğimiz başka bir anı alanı sunarlar. Belki siz de hiçbir şeyleri yokken birdenbire zenginliğe ve üne kavuşan insanların hikayelerini duyduğunuzda hissettiklerinizi hatırlarsınız. Belki o sırada cesaretlenmiş ve motive olmuştunuz ve günün birinde sizin de bunu başarabileceğinizi düşünmüştünüz. Evet, bu durumdan sorumlu olan yine ayna nöronlarınızdır. Hikayelerini duyduğunuz, okuduğunuz ve hayran olduğunuz başka insanların deneyimlerini depolar ve kendi deneyimleri gibi işlerler.

Şunu keşfettiğimizi söyleyebiliriz: Bir insanla ne kadar özdeşleşirsek, ortak hayallerimiz o kadar benzer hale gelir ve depolanan deneyim de o kadar yoğun olur.

Bu bilgi bize daha önceden sahip olmadığımız yeni çözüm imkanları sunar. Gandi, Buda, Rahibe Teresa ve Nelson Mandela gibi örnekler ya da daha farklı öncüler bizim gelişimimiz için çok büyük bir öneme sahiptir, çünkü bilincimize ilham verir ve bizi yeni bir noktaya yönlendirirler. Diğer insanların başarıya ulaşan istek hikayelerini okuduğumuzda ya da duyduğumuzda da aynı olay gerçekleşir. Ayna nöronlarımız içimizde gördüğümüz veya duyduğumuz bu olayı, artık bizim için de gerçeklik kazanana kadar taklit etmemizi sağlar. Bu yüzden başarı hikayeleri kendi sınırlarımızdan çıkmamız için bize yardımcı olur. Aynı şeyi bizim de yapabileceğimizi biliriz.

Ayna nöronlarımız, başka insanların imkansızı nasıl başardıklarıyla zihinsel olarak ilgilenmeye başladığımız andan itibaren etkinleşir.

- Hangi hedefe ulaşmaya istek duyuyorsanız, diğerlerinin o hedefe nasıl ulaştıklarını deneyimleyin. Okuyun, izleyin, araştırın ve onların deneyimlerini kendi deneyimleriniz haline getirin.

En başarılı insanların okumayı en sevdikleri kitapların diğer başarılı insanların biyografileri olduğunu okumuştum. Ayna nöronların kapasitesi konusunda öğrendiklerimizle, bu bilgi daha da etkileyici hale geliyor. Başarılı insanlar hakkında ne kadar okursak, o kadar uyumlu anıyı beynimizde biriktirmiş oluruz ve birdenbire her şeyin mümkün olduğunu anlarız. Aslında hiçbir sınır yoktur. Sözde engeller, daha büyük atlayışlar gerçekleştirmek için basamaklardır sadece.

- Başarılı olmuş insanların hayatlarıyla ilgilenin.
- Bu tarz kariyerlerden bahseden kitaplar okuyun ya da filmler izleyin.
- Parasız kalıp da kendi finansal özgürlüğünü yaratan insanların hikayelerine dikkat edin.
- ‘Mucize’ olarak adlandırılan bu olaylarla ilgilenin.

Bilmek yetmez, uygulamak gerekir.
İstemek yetmez, yapmak gerekir.

JOHANN WOLFGANG VON GOETHE

Rezonans Alanına Ulaşın

Zamanınızı bir engel arayarak geçirmeyin.
Çünkü belki de o engel en başından beri yoktur.

FRANZ KAFKA

İsteklerinizle fiziksel ve duygusal olarak iletişim kurmaya hazırlanın! Ayna nöronların armağanını en iyi şekilde ortaya koyabilmek ve aynı zamanda rezonans alanlarının da sizin için çalışmasını sağlayabilmek için, sizin istediğiniz enerjiye en uyumlu rezonans alanlarının yakınında bulunmanız en etkili yoldur.

Daha başarılı olmayı istiyorsanız, çevrenizi belli bir başarı seviyesine ulaşmış insanlarla doldurun. Mutlu ve uzun süreli bir ilişki istiyorsanız, zaten huzurlu ve uyumlu olan çiftlerin yanında vakit geçirin. Belli bir meslek sahibi olmak için – örneğin doktor, teknisyen ya da her ne olmak istiyorsanız – etrafınızda bu işi yapan insanlar bulundurun.

Böyle yaptığınızda sadece sizin kendi titreşim enerjiniz istediğiniz hedefe yönelmekle kalmaz, ayna nöronlarınız sayesinde yeni ve bilinmedik deneyimler kazanırsınız ve ayrıca halihazırda ürettiğiniz çekim gücü sayesinde daha sonraki aşamalarda işinizi kolaylaştıracak deneyimler edinirsiniz. Sizi daha öteye taşıyacak bilgiler elde edersiniz. Hedeflerinize ulaşma konusunda sizi güçlendirecek, yani isteklerinize erişebileceğinizi bilen insanlarla tanışırsınız.

Çok az şey başkalarının başarısı kadar teşvik edicidir. Başkalarının yaptıklarını biz de yapabiliriz! Ayrıca bu başarılara ulaşmış insanlar bizim isteklerimizi anlayacaktır, sonuçta eskiden bu isteklere onlar da sahipti. Bizi destekleyecek, geliştirecek – ve en önemlisi! – potansiyelimize inanacaklardır. Sonuç olarak, hayatınızda neyin gerçekleşmesini istiyorsanız, aynı şeyin başkaları için gerçekleştiği yere gidin.

Böylece bir önceki bölümümüzdeki çıkış noktasına ulaştık. Etrafınızda size inanan insanlar olsun. Bu insanları en kolay, isteklerinizin zaten gerçekleştiği yerde bulabilirsiniz.

Şehrin daha iyi bir bölgesinde bir ev almak istemez misiniz? O zaman bu bölgelerin yakınlarında bulunun. Oralarda yürüyüş yapın, oradaki kafe veya mağazalara gidin, oradaki parklarda dolaşın, atmosferin tadını çıkarın ve oradaki baskın enerjiyi hissedin. Bırakın rezonans alanınız oradaki titreşimlerden etkilensin. Orada yaşadığınızı hayal edin. Şu an hâlâ oralarda oturamayacak olsanız da, en sevdiğiniz apartmanları ziyaret edin. Balkona çıkın ve bu muhteşem enerjiyi hissedin. Aynı enerji size de ulaşacak!

Şu andan itibaren, beklediğiniz mutluluk sadece görselleştirmeye dayalı değil, bunu fiziksel olarak da hissediyorsunuz. Rezonans alanınız her şeyi kapsıyor.

- Gerçekte gitmek istediğiniz yerde ne kadar fazla bulunursanız, o role o kadar hızlı ulaşırsınız.
- Ama aksine, terk etmek istediğiniz bir yerde endişe içinde kalırsanız, kendinizi çevreleyen titreşimlerle durmadan savaşmanız gerekir. Sonuç olarak, bulunduğunuz ortamdaki

titreşimlerden her zaman daha güçlü ve daha kararlı olmanız gerekecektir.

- Ufak molalar verip istediğiniz titreşimlerin hüküm sürdüğü yerlere uğramak çok daha kolay olacaktır.
- Bırakın bu yeni titreşimler içinize dolsun. Zaten beklediğiniz mutlulukla bağlantı kurduğunuz için, hayatınızdaki değişimler çok daha kolay gerçekleşecektir.
- Gideceğiniz yolu kolaylaştıracak bilgiye ulaşmanız için sayısız olasılık önünüze sunulmuş durumdadır. Belki de sizi davet edecek, ipuçları verecek veya yardım teklif edecek insanlarla tanışacaksınız.

Endişelerin ve kaygıların zihinsel girdabından kurtulamıyorsanız, bu enerjiyi yayan ortamdan bir anlığına da olsa fiziksel olarak uzaklaşın.

Gerekli gücü toplayabilmek için bazen birkaç saniye bile yeterli olur. Belki de kendinize bir hafta ayırmanız gerekiyordur.

Mesela tatile çıktığımızda, çoğu zaman yepyeni fikirler buluruz ve hayatımızda kalıcı olarak tutmak istediğimiz yeni görüşler ve bilgiler ediniriz. Başta cesur ve kararlı oluruz ama zamanla bunlar azalmaya yüz tutar.

Tatilde tek yaptığımız – bilinçsizce de olsa – rezonans alanımızı değiştirmektir. Ama bir süre sonra alışkın olduğumuz ortamdaki eski titreşimlerin bu yeni titreşimleri alaşağı etmesine izin veririz. Bazen tatilin ve maalesef gerçekleşmeyen planlarımızın hayalini kurarız. Kararlılığımızı kaybettiğimiz için bazen kendimizi keyifsiz bile hissederiz. Ancak cesaretimizin kırılmasına izin vermektense, bunu bir motivasyon unsuru olarak görüp uygun ortamlarda bulunduğumuzda rezonans alanımızı değiştirmenin ne kadar kolay olduğunu fark etmemiz gerekir.

- Gerçekleştirmeyi arzu ettiğiniz bir sonraki isteğinizi düşünün ve uygun titreşimleri yakalamak için bulunmanız gereken yerleri gözünüzde canlandırın.

Eğer bu ilk bakışta size çılgınca görünüyorsa, bunun bir önemi yok. Tekrar evlenmek istiyorsanız bir gelinlik giyin, alacak paranız olmasa bile gözucuyla takip ettiğiniz arabayla deneme sürüşüne çıkın, oturmak istediğiniz apartmanları ziyaret edin, tur acentelerinden bilgi alın, internetteki siteleri ziyaret edin; orada isteklerinizin enerjisini bulacaksınız. Bırakın istekleriniz fiziksel deneyimler haline gelsin.

İsteklerinizle fiziksel ve duygusal bir bağ kurun.

Hangi konuda hesaplarımız tutmazsa,
ona rastlantı adını veririz.

ALBERT EINSTEIN

Rezonans Alanımız Haberlerden ve Gazetelerden Nasıl Etkilenir?

Tüm bilgiler, iletişimler ve haberler DNA'mızı etkiler ve hücre yapımızda bir iz bırakır.

Haber bültenlerinde sadece kötü olaylar yer alır. Sürekli işsizlikten, sellerden ve diğer doğal felaketlerden, enerji krizlerinden, banka iflaslarından, terör saldırılarından ve her an bu saldırıların hedefi olabileceğimizden bahsedildiğini duyarız. Bu ise her gece maruz kaldığımız korkunç senaryoların sadece küçük bir parçasıdır. Bütün dünyadan toplanıp bir araya getirilmiş en acımasız imgelerin ardından, haber spikeri bize gülümser ve iyi geceler diler.

Bu nasıl iyi bir gece olabilir ki?

Televizyon ve gazetelerde yayınlanan haberler, korkularımızı keskinleştirmek ve güçlendirmek için en iyi bilgi kaynaklarıdır. Onlar yüzünden her zaman savunmada kalırız. Onlar yüzünden bütün bedenimiz bitap düşer ve başka bir bakış açısını göremez hale geliriz. Eğer düşüncelerimizle kaygı enerjisine girersek, şunu hatırlamamız gerekir: Benzer, benzeri çeker.

Kaygılarımızla, tam olarak korktuğumuz koşulları yaratırız.

İnsani bir bakış açısıyla bu kısır döngüden çıkmak kolay değildir, çünkü stres hormonlarının aktif hale gelmesi düzgün düşünmeyi de engeller.

Problemlerin çözümüne yönelik bütün bilgi ve düşünceler beynin ön kısmında yer alır. Mantığın bulunduğu yer burasıdır. Refleksler de beyincik bölgesinde gerçekleşir. Stres hormonlarının acil bir durumda hızla etki gösterip çalışabilmesi için, ön beyindeki kılcal damarlar daralır. Bunun sonucunda net olarak düşünemeyiz. Ayrıca bu damarlar gönüllü etkinliklerin bulunduğu merkezi de baskılar. Bu etkinlik de ön beyindeki beyin kabuğunda gerçekleşir. Sonuç olarak:

Stres altında, zihinsel kapasitemiz ve bilinçli bir şekilde kavrama yeteneğimiz azalır.

Stres altındayken ne düzgün şekilde düşünebiliriz ne de bilinçli kararlar alabiliriz. Bu durumda kaygı barındıran enerjiden çıkıp pozitif bir rezonans alanı yaratmak daha zor hale gelir.

Ama hepsi bununla da sınırlı kalmaz.

Kaygılı ve stresliyken uyuduğumuzda bu enerjiyi sadece düşsel bilincimize taşımakla kalmayız, aynı zamanda anılarımıza da depolamış oluruz. Çünkü – beyin hakkında yapılan araştırmaların ortaya koyduğu gibi – hafızamızda geceleri depolanır. Başka bir deyişle, yaşananlar uykuya ne kadar yakınsa, o kadar yoğun şekilde anılarımızın arasında kaydedilir. Yani kaygı enerjisi bizim tek gerçekliğimiz haline gelir. İlk bakışta zararsız görünen bu durum, aslında muazzam bir etkiye sahiptir.

Peki, bu kısır döngüden nasıl çıkılır? Sadece bu döngüyü arkanızda bırakarak.

- Nasıl hissedeceğinizi görmek için küçük bir deney yapın: Bir hafta boyunca uyumadan önce haberleri dinlemeyin ve kendi pozitif enerjinizi bulmak için kendinize yoğunlaşın.

Büyük seçimlerde siyasetçilerin insanların içine korku salıp kendilerini tek çözüm yoluymuş gibi sunmasından ve endişelenecek hiçbir şey olmadığına dair insanları ikna etmeye çalışmasından bıkmadınız mı? Bu bana dünyadaki en korkunç imgeleri bize gösterip sonrasında iyi geceler dileyen haber spikerini hatırlatıyor.

Belki de kendi kendinize iyi geceler dilemelisiniz. Hayatınız sizin ellerinizde ve her şeyin gerçekleştiği yer de sizin hayatınız.

Eğer kurar kurmaz yıkacaksanız, bu harika rezonans alanlarını oluşturmanın ne anlamı var?

Ama istek enerjimize ayak bağı olan tek şey haberler değildir. Biraz da alışkanlıklarımızı inceleyelim.

Örneğin hangi filmleri izliyorsunuz? Kendi isteğinizle polisiye, korku ve gerilim filmleri mi izliyorsunuz? Ya da dramaları ve trajedileri mi tercih ediyorsunuz? Sevdiğiniz filmlerdeki kahramanlar umutsuz olaylar, hastalıklar, sevdiklerinin ölümüyle başa çıkma ya da iflas etme gibi durumlarda mı kalıyor? O zaman kendinize sinema endüstrisinin zihninizi tamamen meşgul edebilmek için elinden geleni yaptığını hatırlatın. İyi bir film ancak duygularınızı yakalayabilirse sizi heyecanlandırır. Bütün film yapımcıları ve senaristler sizin duygularınıza dokunmaya çalışır. Sizin izlediğiniz filmde yer alan duyguları gerçekten hissedebilmeniz için yapımcılar milyonlar harcar ve tüm ekibi seferber eder.

Ama duygularımız hayal gücünü ve gerçekliği ayırt edemez. Bilinçaltımız bu deneyimleri anı olarak depolar ve gelecekte kullanacağı bilgileri bu deneyimlerden hareketle oluşturur.

Yani bu dramalara, dünya savaşlarına, kıtlıklara, ölüm kalım mücadelelerine sadece doksan dakika boyunca maruz kalmayız. Eğer bunu sık sık yapıyorsak, o zaman zihinsel ve duygusal olarak bu durumlarla boğuşur hale geliriz. Eğer bu tür filmleri, haberleri ya da doğal afet ve kıtlıkla ilgili programları sık sık izliyorsak, kendimize kıtlık, yoksulluk, endişe, sıkıntı ve kaygıyla dolu büyük bir rezonans alanı yaratıyoruz demektir.

Bazen, hatta sık sık bu süreçte doğan hisler, kendi oluşturduğumuz hislerden daha yoğun ve daha dayanıklı olabilir.

Sırf 'sürükleyici' diye ve yoğun duygular hissedebilmek için dram veya cinayetle ilgili romanlar okuyorsak, asla kendi bedenimizi etkilemesini istemeyeceğimiz rezonans alanları yaratan filmler izliyorsak, tiksinti ve nefret doğuran ya da bizi şok eden haberleri yoğun ve sık şekilde izleyip içselleştiriyorsak, o zaman bu rezonans alanını kendi içimizde yaratıyoruz. Çekim yasası devreye giriyor ve gittikçe olmak istemediğimiz bir şeyle özdeşleşmiş hale geliyoruz.

Hayatınızı daha farklı hale getirebilmek için bir hafta boyunca kendinizi ve bedeninizi yararlı enerjilerle uyumlu hale getirmelisiniz.

- İyi hissetmeniz için kendi kendinize izin verin.
- Sadece yapıcı edebiyat okuyun.

- Sadece cesaret veren filmler izleyin.
- Sadece ruh halinizi yükseltecek müzikler dinleyin.
- Sadece çok sevdiğiniz insanlarla görüşün.
- Sadece nazik mektuplar yazın.
- Düşüncelerinizi bir günlüğe kaydedin.

Kendinizi uyumlu hale getirdiğiniz tüm enerjiler rezonans sisteminizi harekete geçirir ve sonuç olarak farklı duygular uyandırır. Ahenkli bir müzik dinlerseniz ya da yapıcı bir kitap okursanız ruh haliniz de daha sakin, rahat, huzurlu ve uyumlu hale gelir.

İsteklerinizi gerçekleştirebileceğiniz alana yönelin.

Bir şeyi ne kadar çok tekrar ederseniz, o şey o hızla gerçekleşir. Bunun sorumlusu, beynimizdeki sinapslardır.

Hayatta gerçek mucizeler yaratmak için
hiç kimse sizden daha yetkin değildir.

Kendimiz için istediğimiz her şey,
ulaşmayı istediğimiz her hedef,
zaten içimizde yatar.

Sırf bu yüzden
istediğimiz hedeflerle aynı rezonans alanına girebiliriz.

Eğer bu zaten içimizde yer almıyorsa,
herhangi bir olay
içimizde hiçbir titreşim yaratamaz.

Beyin Esnektir

Hayal gücü bilgiden daha önemlidir,
çünkü bilginin bir sınırı vardır.

ALBERT EINSTEIN

Beyin hakkında yapılan en son araştırmaların sonuçları bizi yeniden şaşkına çeviriyor. Çünkü artık beynimizin değişebileceğini biliyoruz. İçinde yer aldığımız etkinliklere göre beynimiz de değişime uğruyor. Bu değişim de sadece teorik olarak değil, fiziksel olarak da gerçekleşiyor. Yeni edindiğimiz fikirlere ya da yeni yaşadığımız deneyimlere göre beyin kendi kendisini değiştirebiliyor.

Uzun bir deney serisinde, deneklerden daha önce yapmadıkları bir şeyi bir süre boyunca gerçekleştirmelerini istedik ve beynin bu etkinlik için kullanılan bölgesinin, tıpkı çalıştırdığımız bir kas gibi büyüdüğünü fark ettik. Öte yandan, kullanılmayan diğer alanlar gittikçe zayıflıyordu. Beyin bu bölgelerde fark edilir şekilde küçülüyordu. Aynı zamanda yeni sinapslar oluşuyor, enerji akışı artıyor ve yeni, farklı ve otomatik düşünce bağlantıları etkin hale geliyordu. Yani belli bir süre boyunca yeni bir şey yaptığımızda ya da düşündüğümüzde, beyin kendi dolaşımını tamamen değiştiriyor ve yeni nöron bağlantıları kuruyordu.

Yeni bir etkinlik, düşünce ya da inanç kısa bir zamanda güçlü bir gerçek haline gelir.

Beyin yeni verilere uyum sağlar.

- Eğer bir süre belli bir şeyi düşünürsek ya da bir hareketi gerçekleştirirsek, beynin bununla ilgili bölgesi büyür.
- Beynin nadasa bıraktığımız, yani kullanmadığımız kısımları da zamanla zayıflar.

Beynin ilgili bölgesinde yer alan nöronların işlevleri değişir ve böylece, bu etkiyi yaratabilmek için gerekli olan elektrik sinyalleri çok daha kolay ve hızlı şekilde iletilir.

Beynin kendi kendini tamamen değiştirmesini sağlayan bu şaşırtıcı özelliğine zaten bir isim verilmiştir: Esneklik.

Bu durumun en etkileyici yanı, herhangi bir anda kendi hayatımız için yeni bir gerçeklik oluşturabilecek olmamızdır. Beynimiz düşüncelerimize tepki verir ve bunun sonucunda nöronlar değişikliğe uğrar. Beynimiz bağlantılarını tamamen yeniler.

Zihnimizi eğiterek geleceğimizi istediğimiz yöne çevirebiliriz.

Eğer belli bir süre yeni düşünce kalıpları üzerinde çalışırsak, beynimizin o zamana kadar pasif kalan bir bölümü aktif hale gelebilir ve geleceğimiz bambaşka bir yol alabilir.

- Yeni düşünce kalıplarımız ve davranışlarımızla beynimizde yeni nöronları aktif hale getirebiliriz.
- Nöronların işlevleri değişebilir ve yeni bağlantılar oluşabilir. Bunun yanı sıra, kullanmadığımız kısımlar – örneğin şüpheyle ve negatif düşüncelerle ilgili bölümler – daha küçük ve önemsiz hale gelir.
- Hayatımızı tamamen başka bir yöne çevirebiliriz.
- Düşüncemizi 'istediğimiz' bir yöne çevirdiğimizde, inançlarımız kısa sürede tamamen değişebilir.
- İnançlarımız değiştiğinde, bütün hayatımız büyük bir değişime uğrar.

Şimdi, neden alışkanlıklarımızı kontrol etmenin bu kadar önemli olduğunu ve neden belli bir süre boyunca bu alışkanlıkları tekrar etmemiz gerektiğini anlayabiliriz. Bir sonraki bölümde ayrıntılı bir şekilde üstünde duracağımız olumlamalar bu noktada büyük önem kazanır.

Bunun yanı sıra, beynimizin değişim için biraz zamana ihtiyacı vardır. Nöronlar istediğimiz şekilde uyarıldığında, birkaç dakika içinde komşu nöronlarla hedeflediğimiz bağlantıları gerçekleştirir. Hatta 'ufak bir yol' oluştururlar. Bu yolun 'kullanışlı' hale gelmesi, yani bilgilerin gerçekten aktarılabilmesi için bir gün geçmesi gerekir. Max Planck Enstitüsü'nün nörobiyologları, yeni meydana getirilen bağlantı noktalarından bilgi aktarımının gerçekleşmesi için yirmi dört saat kadar bir zamanın geçmesi gerektiğini ortaya koymuşlardır.

Bu yüzden yeni öğrenilen tüm konuların zamana ihtiyacı vardır. İlk sekiz saat boyunca sadece küçük bağlar meydana gelir. İlerleyen saatlerde bu bağların sağlamlaştırılmasının gerekip gerekmediği, bağlantının oluşup oluşmayacağı belli olur.

Ama yeni bilgileri saklamak istersek, tekrarı hedeflememiz gerekir. Bu bir öğrenme şeklidir ve beyinde sadece sık tekrarlar aracılığıyla meydana gelir. "Tekrar insanı ustalaştırır." Olumlamaları ve pozitif inançları neden sık sık tekrar etmemiz gerektiğini bu şekilde açıklayabiliriz.

Sadece yeni ve istenen inanışlarla sürekli meşgul olarak, istenmeyen eski kalıpların önüne geçebiliriz.

Şaşırtıcı bir şekilde, nörologlar beynin eski inanışları unutabildiğini keşfetmiştir.

Yeni bir 'yol' – nörologların tabiriyle aksonlar ve dendritler – zaten başka bir bağlantı oluşturan bir noktada meydana geldiğinde, bu yeni bağlantının eski bağlantıyı ortadan kaldırma ihtimali yüksektir. Max Planck Nörobiyoloji Enstitüsü'nden nörolog Valentin Nägerl ayrıca bu gözlemin 'yeni şeyler öğrendiğimizde eskileri unutmamızla'* alakalı olabileceğini belirtmiştir.

Bunun yanı sıra, eskiden öğrenilen şeyler yeni öğrendiklerimize kıyasla daha çabuk hatırlanabilir. Bu durum, kırılmış olan eski bağlantıların tamamen silinmediğini ve ihtiyaç duyduğumuzda yeniden aktifleştiğini gösteriyor olabilir.

Bu bulgular bize net bir şekilde her an hayat algımızı bilinçli ve gönüllü olarak değiştirebileceğimizi gösterir. Biraz zaman ve sabırla – bir de istediğimiz hedefin sürekli tekrarıyla – beynimiz yeni bir bağlantı oluşturur.

O zaman, hayatınızda gerçekleşmesi gereken yeni şey ne?

* http://idw-online.de/pages/de/news221768

Her türlü istek belirtisinin,
her türlü olumlamanın tek amacı
kişisel rezonans alanınızı yeniden programlamaktır.

Bu da eski ve negatif inanışları
ve bunların hayatımıza negatif etkisini dışarıda bırakıp
yeni ve pozitif rezonans alanları oluşturmak anlamına gelir.

Olumlamaların Gücü

Sen değiş ki dünya değişsin.

MALTA ATASÖZÜ

Olumlamalar mantra gibi sürekli tekrar ettiğimiz, pozitif şekilde oluşturulmuş ve hayatımızı güçlendiren ifadelerdir. Ama aslında çok daha fazlasını gerçekleştirirler. Olumlamalar, isteklerimiz için en uygun rezonans alanını oluşturmak ve beynimizi hedeflediğimiz yönde yeniden programlamak için en hızlı yoldur. Bu sayede her zaman ve her yerde istediğimiz etkiyi gerçekleştirebiliriz.

Olumlamalar inançlarımızı en hızlı şekilde değiştirmemizi sağlar.

Hiç durmadan düşünülüp ifade edilen olumlamalar bilinçaltımıza derinlemesine işler ve tüm inançlarımızı ve artık bildiğimiz gibi beynimizin tüm işleyişini değiştirirler.

Olumlamaların derin anlamı burada yatar. Algımız eski programları silmeye ve yeni bağlantılar kurmaya başlar. Böylece şimdiye kadar hayatımızı sabote etmiş olan negatif prensiplerimizi ve kalıplarımızı olumlu inançlarla değiştirir.

Bunu yaparken olumlamalarımıza yürekten inanmamız

çok önemlidir; olumlamaları iliklerimize kadar hissetmemiz gerekir. Çünkü hayatımıza gerçekten hissettiğimiz ve inandığımız şeyleri getiririz.

Olumlamaların İşleyişi

- Her olumlu ifade, bilinçaltı tarafından alınan bir emir gibidir.
- Olumlu ifadeler geçmiş inanışlarınızı değiştirir.
- Yeni inançlar kalp ve DNA tarafından alınır ve aynı şekilde yayılır.
- Bu dünyadaki diğer herkesle inançlarımız aracılığıyla iletişim kurarız. Bu da hiçbir sınır söz konusu olmadan, hiperuzay denilen özel bir alanda gerçekleşir.
- Rezonans Kanunu'na göre, yeni inançlarınızla uyumlu olan her şey hayatınıza çekilir.

İsteklerimizi ifade eden olumlamalar sadece bilincimizi bir hedefe odaklamamızı sağlamaz, aynı zamanda tüm varlığımızı harekete geçirirler. İnancımızı isteklerimiz doğrultusunda değiştiririz ve isteğimizi de dünyaya yönlendirilmiş bir enerji şeklinde göndeririz. "İnanç, dağları yerinden oynatır," sözü bu sayede yepyeni bir boyut kazanır.

Hangi Olumlamalar Daha İyidir?

Bunu genelleştiremeyiz. Herkes için kendi istek ifadesi etkilidir çünkü hepimizin farklı istekleri, arzuları ve hedefleri olduğu için doğal olarak her olumlamanın da kendi engeli vardır.

Kendinize kişisel olarak en iyi gelen ve içinizde en az direnç yaratan olumlamaları bulun. Her olumlama size sıcak, hoş ve kesin bir his vermeli. Eğer kaygılarınızın arttığını hissediyorsanız ya da kendinize güvenmiyorsanız, istek ifadenizi hiçbir dirençle karşılaşmadan düşünüp söyleyebileceğiniz ana kadar değiştirin.

Olumlamalar size kolay gelmeli ve sizi güçlü hissettirmelidir.

Eğer tam tersine, bir olumlamanın sizi yorduğunu ve enerjinizden çaldığını hissederseniz, zihinsel olarak bir adım geriye gidin. Örneğin eğer olumlamanız "Zengin olmam gerekiyor," şeklindeyse, kalıcı şüphelerin isteğinizi baltaladığını ve içten içe paranın sizi bulacağına ikna olmadığınızı hissedersiniz, bu yüzden de ifadenizi değiştirmeniz gerekir. Belki de bu ifadeyle kendinizi daha iyi hissedeceksiniz: "Zengin olmak iyi hissettirir," veya "Ben parayı seviyorum."

İki ya da üç olumlamayı denediğinizde, içinizde hangi engellerin ve olumsuz düşüncelerin yattığını hızla keşfedeceksiniz.

En iyisi size en uygun olan ve sizi en güçlü kılan olumlamaları aramaktır. En önemlisi de olumlamalarınızın gerçekliğini hissetmeniz ve mutluluk duymanızdır.

Örneğin "Ben sevilmeyi hak ediyorum," ifadesi birçok kişi için oldukça zordur. Önceki hayatlarında çok uzun süre bunun tam tersine inanmış ve diğerlerinden de bu imgeyi almış olabilirler.

Kendinizi olumlamalarla aşırı derecede yormadan, yani rezonanstan uzaklaşıp şüpheden dolayı tam tersi bir titreşim yaratmadan, bahsettiğimiz ifadeye yavaş yavaş yaklaşabiliriz. "Kendimi seviyorum," ya da "Kendimi gittikçe daha çok seviyorum," daha güçlü hissettiren ve içimizde hiçbir direnç yaratmayan bir ifade oluşturabilir.

Olumlamaları Nasıl Kullanabilirsiniz?

Kendiniz için en iyi olumlamaları bulduğunuz andan itibaren onları sessizce düşünerek ya da yüksek sesle tekrarlayabilirsiniz. Anbean içinizde yarattıkları güveni hissedin. Bu istek ifadelerini mantra gibi kullanabilirsiniz ya da isteğinize yeterince güç aktardığınıza inanıyorsanız tek bir sefer içinizden geçirebilirsiniz. Ayrıca düşüncelerinizin şüphe tarafından baskılandığını yeniden hissederseniz, kendi isteklerinizin kişisel versiyonlarına dönün ve bu ifadelerden yayılan gücü ve huzuru hissedene kadar ifadeleri tekrarlayın. Bu şekilde, ifadenizle rezonans haline gelir ve şüpheyi silmiş olursunuz.

Olumlamalara Daha Fazla Güç Aktarın

Öte yandan, yayacağımız niyeti ifadelere açık bir şekilde yüklediğimizde, yayılan enerjiyi aşırı derecede güçlendirmiş oluruz. Bu yüzden ne zaman olumlamada bulunacak olsak enerji yaydığımızı düşünmeliyiz. Bu şekilde verici haline geliriz. Zaten aslında enerji yayan vericileriz. Enerjiyi – kalbimizle, DNA'mızla ve beynimizle – tıpkı bir radyo gibi yayarız ve enerjimizi almaya hazır olan her insan bu enerjiyi yakalar.

Enerji ne kadar netse, başkaları tarafından o kadar kolay alınır. İstek ifadeniz size ne kadar uyumlu olursa, kendinizi o kadar kolay şekilde bu enerjiyle tanımlayabilir ve daha yoğun bir enerji yayabilirsiniz.

Ne kadar hedef odaklı düşünürseniz,
hayattaki tüm isteklerinizi o kadar emin bir şekilde
gerçekleştirebilirsiniz.

İsteklerinizi Görselleştirin

Bir hayalde öngörülmedikçe
hiçbir şey gerçekleşmez.

CARL AUGUST SANBURG

Olumlamalar isteklerimizle sürekli rezonans halinde kalabilmemiz için çok güçlü bir yoldur. Ama tabii doğru enerjiyi düşünce gücüyle yaymanın başka yolları da bulunur. Önemli olan, istekle özdeşleşebilmek ve onunla meşgul olmak, yani oluşturduğumuz rezonans alanında kalabilmektir.

Bir yandan, istekte bulunmak benzer enerji alanlarını arayan kozmik bir arama motoru gibidir. Ve benzer benzeri çektiği için, hayatımıza isteklerimizin gerçekleşmesini çekeriz. Ama öte yandan isteğimiz üzerinde çalışırken kendi kendimizi de değiştiririz ve isteğimizi elde edebilmek için daha uygun hale geliriz.

Ne kadar uzun süre ve yoğunlaşarak isteğimiz üzerinde çalışırsak, dışarıya ve bilinçaltımıza yaydığımız enerji de o kadar kalıcı ve yoğun hale gelir. Bu bir iş gibi görünebilir ama aslında hiçbir enerji harcamamızı gerektirmez. Rezonans alanına girmek oyun gibi gerçekleşebilir. Daha doğrusu, isteğimiz konusunda tamamen sakin halde olmamız her şeyi kolaylaştırır. Bu sakinliğe ne kadar kolay ulaşabilirsek o kadar iyidir.

Birçok ihtimal bu hedefe ulaşmamızı sağlar. Örneğin kendimize tamamen kişisel, resim kolajına benzer bir istek imgesi oluşturabiliriz. Bu benim en tercih ettiğim yöntemdir. En azından bu yöntem benim rezonans halinde kalmama yardımcı oluyor.

- Gazete ve dergilerden, hayatınıza girmesini istediğiniz her şeyi kesin. İsteğinizle ilgili her fotoğraf, her resim uygun olacaktır. Hayatınızda olmasını istediğiniz şeyler konusunda kendinizi kısıtlamayın. Bu bir bilgisayar, bisiklet, ev, kıyafet ya da araba olabilir. Belki birden çok şey istiyorsunuzdur. Bir apartman dairesi, paten, deri bir çanta, tekne, tatile çıkmak, hayallerinizdeki sevgili ya da para olabilir.
- Hayatta görmek istediğiniz her şey bu imgeye uyar. Her telden çalarak gerçek bir kolaj oluşturuyoruz. Bunu kendiniz çizebilir ya da yazabilirsiniz. Hangi formatta olacağını seçmek size kalmış. Önemli olan, bu imgenin ya da daha ziyade isteklerinizin sürekli yanınızda, gözünüzün önünde olması ve bu konuda çalışmanızdır. İsteklerinizi gördüğünüz her defa bilinçaltınız beklenen zevkin tadını çıkaracaktır. İsteklerinizle özdeşleşeceksiniz. Hedeflerinize gittikçe daha çok yaklaşacaksınız. Artık ulaşılmaz değiller. Aniden bu istekler gerçekleşecek. Siz bunun kendinizden geldiğini düşüneceksiniz. Çünkü o kadar uzun süre sizin parçanız oldular ki onları fiziksel olarak gerçekten hayatınıza davet etmeniz son derece normal.
- Her gün bu imgeyi görebilmek için onu evinizde bir yere asın.
- Belki yeni ayrıntılar ekleyecek ya da bu imgeyi daha elle tutulur hale getirmek için bir şeyler çizeceksiniz.

- Zihniniz ve hayal gücünüz ne kadar bu imgeye odaklanırsa, onunla o kadar çok ilgileneceksiniz ve o da o kadar hızlı şekilde hayatınıza çekilecek.
- Hedeflediğiniz enerjiye ne kadar bağlanırsanız o kadar güçlü bir enerji yayacaksınız.
- Bu imgeye yeniden bağlanın. Bu sizin muhteşem geleceğiniz.
- 'Mutluluk' size ait.

Doğal olarak istek imgesinin birçok farklı biçimi bulunur.

- Örneğin kendinizi ortada resmedebilir ve etrafınıza tamamen olumlu nitelikler yazabilirsiniz. Balonlar çizmek de eğlenceli olabilir. Oraya tüm hedeflerinizi, hayallerinizi yazın! Görülebilen ve gizli kalmış yeteneklerinizi de not edebilirsiniz.
- Şu anda yapabileceğimiz şeyleri ve etrafa yaydığımız bir sürü olumlu niteliği görmek çoğu zaman oldukça etkileyicidir. Belki de çok iyi bir organizatörsünüz ya da ilişki kurmakta çok iyisiniz. Belki de kendi ayaklarınızın üstünde durmak ya da profesyonel hayata girmek istiyorsunuz. Bunların tamamını, yani sizi ilgilendiren ve gerçekleştirmek istediğiniz her şeyi kolaja yazın veya çizin.

İstek enerjisi, kendi kişisel rezonans alanınızın yeniden programlanmasıdır.

Rezonans alanımda kendi isteklerime eğlenerek ulaşabilmek için her zaman kullandığım yöntemin bu olduğundan bahsetmiştim.

Geçenlerde Michaela da benim isteklerim için balonlardan oluşan bir kolaj hazırladı. Buna aynı zamanda Zihin Haritalaması (Mind Mapping) da diyoruz. Benim ismimi ortaya yazdı ve etrafına tüm isteklerimi ve hedeflerimi sıraladı. Bu imgeyi çalışma masamın yanına, mantar panoma iğneledim. Bu imgeyi çalışırken, kitap okurken, düşünürken ya da telefonla konuşurken her gün görüyordum. Bazen tamamen bilinçsizce gözüme çarpıyordu, bazen de onu dikkatle inceliyordum.

İki sene boyunca bütün isteklerim, başta en imkansız görünenler bile gerçekleşti. Her gün neredeyse tamamen bilinçsizce hedeflerimle etkileşim halindeydim ve böylece içimde bir şeyler yerli yerine oturuyordu. O zamanlar birçok proje beni korkutuyordu. Ayak uydurabileceğimden emin değildim. Şu anda benim için çok kolay hale geldiler.

Çoğu şey kolayca gerçekleşti. Ne kadar az güç ortaya koyarsak, o kadar erken gevşeriz. Ne kadar sakin olursak, o kadar çabuk pozitif bir rezonans yakalayabiliriz.

- Kendi kişisel istek kolajınızı oluşturun ve gerçekleşenleri gözlemlemeye başlayın.

Sadece rahatlayarak
istediğimiz rezonansa ulaşabiliriz.
Ancak bu şekilde, dâhice ve muhteşem çözümler
size ulaşır.

Rezonans Alanınızın İnşasını Hızlandırın

Önce ne yapmanız gerekiyorsa onu yapın, sonra mümkün olanı gerçekleştirin, en sonunda imkansızı başarın.

ASSİSİLİ FRANCESCO

Kendi kendimize şunu hatırlatalım: İstekte bulunurken inanç olmazsa olmazdır. Bir şeye ikna olduğumuzda, kalbimiz enerjiyi beynimize kıyasla 5000 kat daha güçlü şekilde yayar ve büyük bir bağlılıkla en uygun rezonans alanını oluşturur. DNA'mız da kalbimizin en derininde inandığımız şeyler aracılığıyla diğerleriyle iletişim kurar.

Ama 'o ya da bu şekilde' isteğimizin gerçekleşeceğine ikna olmazsak ne olur? Çoğu zaman çok yoğun ve ayrıntılı şekilde istekte bulunduğumuza inanırız ama sınırlarımız ve isteklerimizin gerçekleşmemesi hakkında da imgeler ve düşünceler oluşturduğumuzu fark etmeyiz.

Ama bu imgeler de aynı şekilde yaratıcı sürecin parçasıdır. Kendi sınırlarımızı yaratır ve gösteririz. Hayatımıza bu sevmediğimiz şeyleri çekeriz. Yoksunluk üzerine bir rezonans alanı inşa eder ve bu şeyleri hayatımıza çekeriz.

O zaman bu şüpheler şöyle sorularda saklanır: "Sonuçta bu ne zaman gerçekleşecek?" ya da "Hâlâ istediğim yere ulaşamadım, bir hata mı yaptım acaba?"

İçinizde şüpheye ve sabırsızlığa dair hisler barındırdıkça,

isteğinizin gerçekleşmemesi üzerinde çalışırsınız ve bu düşünceye daha fazla enerji göndermiş olursunuz. Bu şekilde, isteğinizi sınırlarsınız. Bu isteği, oluşturduğunuz anda ortadan kaldırmış olursunuz.

Eğer eksiklik hissi üzerine yoğunlaşırsak, eksikliğe dair bir rezonans alanı oluşturmuş oluruz. Bolluk hissi üzerine yoğunlaşırsak da bollukla ilgili bir rezonans alanı oluşturmuş oluruz.

Bazen isteğimizin gerçekleşeceğine yüzde yüz inanmakta zorluk çekeriz. Ama bizi hızla kendi inancımıza döndürecek muhteşem bir yöntem vardır! Tanıdık bir şeyle başlarız:

- Şu anki isteğinizi bir kağıda yazın.
- Sonra bu isteğinizi – yapmayı öğrendiğimiz gibi – hayal ettiğiniz şekilde gözünüzün önüne getirin. Bu istek gerçekleştiğinde nasıl hissedeceksiniz?
- Kendinizi şu şekilde hayal edin: Bu hayalleri gerçekleştirmek zor mu, kolay mı? Belki de dirençle karşılaşıyorsunuz ve içinizde hâlâ şüphe duyuyor ve sabırsız olduğunuzu görüyorsunuz, çünkü istediğiniz şeyi henüz elde edemediniz.

Bu aşamayı atlamak için hayalimize fiziksel bir deneyim eklemenin faydası dokunur ki bu, benim de konferanslarımda gerçekleştirdiğim inanç oyunuyla başarılabilir.

Bunu genelde dört kişilik gruplarla çalışırız. İsteğimizi yazıp bunu hayal ettiğimizde, diğerlerine bunu zaten gerçekleştirmiş gibi anlatırız. Kendimiz için istediğimiz şeylerle iletişim kurmayız, yani şöyle demeyiz: "Kendim için harika bir ilişki hayal ediyorum." Onun yerine, "Harika bir ilişkim var," deriz. Diğerlerine ilişkimizin zaten ne kadar muhteşem olduğunu anlatırız.

Bunu diğerlerine anlatarak çok daha dayanıklı bir enerji ortaya koymuş oluruz. Sadece diğerlerini mevcut durumumuzla ilgili ikna etmekle kalmaz, aynı zamanda kendimizi de ikna etmiş oluruz.

Tamamen zihinsel bir deneyim, fiziksel bir deneyime dönüşür.

Benim seminerlerimde istek enerjisinde büyük bir artış sağlayan bu alıştırmayı kendiniz de yapabilirsiniz.

- İsteklerinizi en renkli şekilde hayal ederek, zihninizde canlandırmanın gücünü artırmış olursunuz.
- Evinizde volta atın ve hayali arkadaşlarınıza gerçekleşen hayalinizin ne kadar muhteşem olduğunu anlatın. İçiniz inancın gücüyle doluyken bunun ne kadar muhteşem, harika ve inanılmaz olduğundan bahsedin.
- İstek duyduğunuz hedefin yokluğuyla ilgilenmeyi bırakın. Kendinizi bolluk dolu bir dünyada hayal edin ve bu bollukla bağ kurun.
- Böyle yaparak içinizdeki sesin rezonans halinde bulunduğu şeyleri yumuşak ve hoş bir şekilde açığa çıkarın. Böylece isteğinizin gerçekleşmesiyle aranızda tamamen fiziksel bir bağ kurmuş olacaksınız.
- Örneğin harika bir ilişki istiyorsanız, hayali arkadaşlarınıza ilişkinizin ne kadar güzel, uyumlu, doyurucu, rahat, huzur-

lu ve keyifli olduğunu anlatın. Ne kadar çok güldüğünüzü, gecelerinizin ne kadar romantik geçtiğini, sevgilinizin ne kadar anlayışlı olduğunu anlatın. Kendiniz için istediğiniz her şey zaten gerçekleşti; bundan olabilecek en güzel ve renkli şekilde bahsedin.

- Yeni bir evin rezonans alanını yaratmak istiyorsanız yeni evinizi nasıl güzel bir şekilde düzenlediğinizi, komşularınızın ne kadar kibar olduğunu, bu ortamda ne kadar mutlu hissettiğinizi, balkondan gördüğünüz manzaranın inanılmaz güzellikte olduğunu diğerlerine anlatın.
- Gülün, neşelenin, herkese mutluluğunuzu gösterin.
- Ardından bir kere daha sakince oturup isteğinizi zihninizde canlandırın. Bu canlandırmanın gücüne geri dönün.
- İlk seferle arasındaki farkı hissedin. Görüntüleri oluşturmak daha kolay hale mi geldi?
- Yeni ayrıntılar belirdi mi? Daha fazla renk belirdi mi? Algılayabildiğiniz kokular var mıydı? Ya da sözler? Hissettikleriniz arttı mı? Belki de beklediğiniz mutluluğun daha yoğun hale gelmesinden dolayı şaşırdınız.
- Eğer bu durum gerçekleştiyse, bir sonraki sefer hayali arkadaşlarınıza bunu da anlatın.

Bunu ne kadar sık ve yoğun şekilde yaparsanız, ürettiğiniz rezonans alanı da o kadar büyük ve güçlü hale gelir ve istediğiniz olay da o kadar hızlı gerçekleşir.

Ayrıca bu size zevk de verir. Sizce, evde volta atarken kaç kere hayali arkadaşlarımla iletişim kurup onlara hayatımda isteyip de elde ettiğim şeyleri anlatmışımdır? İsteklerim hayatımda gerçekleşmeden önce beklediğim mutluluğu hissettim, sonuçları gözlerimle gördüm ve böyle yaparak inancımın artmasını sağladım.

Başta mantığınız sizi bunun çocuksu bir davranış olduğuna inandırabilir ama kısa sürede sonuçlardan sizinle birlikte zevk almaya başlayacak ve bir sonraki sefer hevesle bu sürece kendisi de katılmaya başlayacaktır.

Yaratıcı olmak enerjilerle oynamaktır.

Neşeli bir şekilde eğlenerek ya da zorlamadan hareket ettikçe daha iyisini başaracağız.

Seslerin İyileştirici Gücünü Kullanmak

Müzik, tüm bilgelikten ve felsefeden daha üstün bir dışavurumdur.

LUDWIG VAN BEETHOVEN

Rezonanslara ve onların işleyişine dair bilgi dünya tarihinde çok eskiye dayanır. Mısırlılar, Platon ve Pisagor, seslerin hareket kalıplarını biliyordu. Pisagor, seslerin ve müziğin ritmik dizilere tabi olduğunu ve bu titreşimlerin insan ve hayvanların sağlığının korunması üzerinde özel bir etkisi olduğunu öğretiyordu. 'Kürelerin müziğinden' bahsediyordu ve dünyamız, gök cisimleri ve vücutlarımız arasındaki bağlantıyı anlattığı uyum teorisini geliştirmişti.

Bu yüzden, güncel bilimin sesler ve titreşimlerin beden, zihin ve ruh üçlüsü üzerinde yarattığı etkileri ortaya koymak için aktif olarak çalışması şaşırtıcı değil.

Doktor ve doğa bilimleri uzmanı olan Hans Jenny, her bir hücrenin kendine özgü frekansının ve titreşiminin olduğunu kanıtlamıştır.

Her hücrenin kendine özgü frekansı ya da titreşimi, seslerin niteliğine göre değişime uğrar.

Yani hücre farklı seslerle etkileşim veya rezonans halindedir. Tüm sistemimizin nasıl hızla müziğe tepki verdiğini hayal edebiliriz. Harika bir müzik dinlediğimizde vücudumuzdaki her hücre etrafa yayılan bir güzellikle ışıl ışıl olur.

Dinlediğimiz müzik ne kadar uyumlu ve safsa, biz de güzellik ve iyilikle o kadar rezonans haline gireriz.

Bu evrensel uyum yasası, uyumlu seriden gelir. Harmonikler (ana sese katılan sesler) ses aralıklarının belirli bir dizilimidir. Böyle harmonikler her zaman uyumlu bir titreşim meydana geldiğinde oluşur. Örneğin oktav (sekizli aralık) notası ilk harmoniktir ve aynı zamanda en zengin enerjiye sahiptir. Beşli aralık ikinci harmoniktir. Bu en sık, kutsal olarak kabul edilen müziklerde kullanılır. Bu ses bu yüzden evrensel olarak algılanır ve öyle olduğu düşünülür.

Modern bilim, harmoniklerin, insanlara sadece sağlıklı ve iyileştirici frekanslarla akort olmalarını sağlayarak yardım edebileceğini keşfetmiştir.

Başka bir deyişle insan bedeni bir müzik enstrümanına benzetilebilir. O veya bu frekansla akort olan ve bu doğrultuda şekli ile kalıbını değiştiren bir rezonans kutusuna sahibiz.

- Hoşumuza giden bir müzik dinleyerek veya uygun enstrümantal tınıları dinleyerek kendimizi hızla bununla uyumlu hale getirebiliriz.
- Tibet kaseleri tüm bedenimizin ve ruhumuzun aniden uyumlu hale gelmesini sağlayan enstrümanlar arasında yer alır.
- Huzurlu ve uyumlu hissetmediğimiz, yorgun ve bitkin düştüğümüz her seferde dengemizi yeniden bulabilmemiz için

kendimizi birkaç dakikalığına bu kaselerin çıkardığı sese bırakmak yeterli olacaktır.

- En güzeli, bu enstrümanın uzun bir öğrenme süreci gerektirmemesidir. Kase avuç içine yerleştirilir ve titremeye başlayana kadar tahta bir çubuk kasenin ağzında gezdirilir.
- Aniden sadece tek bir ses değil, bu sesle uyumlu olarak titreşen birçok farklı ses duymaya başlarız. Birkaç dakika içinde tüm sistemimiz düzene girer. Birçok kişi için mucize gibi görünen şey, varlığımızla kutsal düzenin ve harmoninin rezonansına girmekten başka bir şey değildir.
- Aynı şekilde, diyapazon da gevşememiz için istediğimiz şekilde işleyebilir. Farklı frekanslardaki ses aralıklarının beyin-omurilik sıvısının akışını düzenlediğini keşfettik. Bu, doğrudan sinir sistemimizle bağlantı halinde olan sıvıdır. Basit bir diyapazonu muhteşem kılan, bilinçaltını etkilemesidir. Bunu düşünmemiz gerekmez, anlayacağımız hiçbir şey yoktur; sadece sesin kendisi rezonans alanımızın tamamını yeniden düzenler. Kendimizle uyumu yeniden yakalarız.
- Diyapazonun sesine kulak verdiğimizde, düşüncelerimiz ve hislerimiz değişir ve tüm vücudumuz farklı bir davranış yapısına uyum sağlar. Algımıza bir katkıda bulunmamıza gerek kalmadan kendimizle yeniden uyumlu hale geliriz.
- Bedenimizdeki tüm uyumsuzluklar çözünüp evrensel bir frekansla rezonans haline gelebilir.
- Örneğin bu şekilde yepyeni fikirler ve problemlerimizin – daha önce ulaşamadığımız – çözümleri bizi bulabilir.
- Tam bir dinginlik anında eski kalıplarımız ve yaralarımız hakkında düşünüp bunların yok olmasını sağlayabiliriz.

Hiçbir şey bizi iyileştirici bir rezonans alanına girmek kadar derinden etkileyemez. Belki de bir diyapazon veya müzik kasesi almak istiyorsunuz. O zaman yorgun argın, rahatsız ya da dengesini kaybetmiş haldeyken sadece şunu deneyin: Diyapazona vurup sesi dinleyin ve olacakları izleyin.

Bazen rezonans alanımızdaki titreşimi artırmak çok kolay olabilir.

Kendinize Saygı Duyun ve Kendinizi Kabul Edin

Her şey düşünme şekline bağlıdır.
Her şey düşünceden oluşur, ondan hareketle yönünü belirler ve onun sayesinde meydana gelir.
Kötü konuşan ya da davranan, tıpkı tekerleğin hayvanların nallarını takip etmesi gibi acıyla karşılaşır.

BUDA

Rezonans alanı oluşturmak için basit ve etkili başka bir yol daha vardır. Rezonans alanımızdaki titreşim arttıkça, yaydığımız enerji de o kadar keskin ve pozitif bir hale gelir. Titreşimimiz arttıkça şüphe, üzüntü ve umutsuzluğun da kendilerini zorla kabul ettirme şansları azalır.

- İdeal bir rezonans alanı oluşturmanın en ideal yolu, olması gerektiği gibi şükretmektir!

Bu, ilk başta göründüğü kadar kolay olmayabilir. Çoğunlukla kendi performansımıza ve görünümümüze dair iyi fikirler beslemeyiz. Sonuçta bize öğretilen şey budur. Birçoğumuz, büyük ihtimalle kendi kendini övmenin şüphe uyandıran bir durum olduğunu öğrenmiştir. Ayrıca genç yaşımızdan itibaren şöyle cümleler duymuşuzdur: "Dereyi görmeden paçaları sıvama," "Alçak yerde tepecik kendini dağ zanneder," "Ahmak ata binince bey oldum sanır, şalgam aşa girince yağ oldum sanır," hatta "Ağaç ne kadar uzasa başı göğe ermez." Bu atasözleri ve daha birçoğu eğitimimizin dayanağını oluşturdu. Çoğumuz büyük ihtimalle neşemizi bastıran ve bizi kontrol altına alan bu cümlelerin çoğunu biliyoruz.

Bir noktada bu kuralları kendi gerçekliğimiz kabul ettik ve kendimizi sınırladık. Bu davranış bizim için o kadar normal hale geldi ki, bunu başkalarına bile aktardık. Eğer biri davranışlarından ve görünüşünden aşırı derecede gurur duyuyorsa ya da yüksek sesle bunlara dair mutluluğundan bahsediyorsa, biraz önce bahsettiklerimize benzer cümleleri biz de sık sık kullanırız. Sürekli kendi kendimizi eleştirmeye bu kadar meyilli olmamız çok da şaşırtıcı değil. Kendimizden gurur duyduğumuzda, çoğu zaman böbürlenmek, kibirli ya da yapmacık görünmek istemediğimizi söyleriz.

Yani kendimizi övmeye alışkın değiliz.

Kendi kendimizi eleştirme fikrini o kadar geliştirdik ki insanlar bizi övdüklerinde bile onlara inanmıyoruz.

Bu yüzden kendimizle gurur duymakta başarılı olamıyoruz ve dahası diğerlerinden gelen olumlu bir tespiti de reddediyoruz.

Böyle düşünmek ve hareket etmek sizce nasıl bir rezonans alanı oluşturuyor? Bu şekilde hayatımıza gurur duyabileceğimiz şeyleri çekebileceğimize inanıyor musunuz? Kesinlikle hayır. Bu yüzden, kendimize dair bu negatif davranışı – en azından gelecekte hayatımıza dair ilgi ve takdir kazanmak istediğimizi düşündüğümüzde – bırakmanın tam zamanı.

Bu negatif yaklaşımın içimize ne kadar işlediğine seminerlerimde sürekli şahit oluyorum. Katılımcıları dörtlü gruplara ayırıp bir dakika boyunca kendilerine dair muhteşem ve inanılmaz olan şeyleri diğerlerine anlatmalarını istediğimde genelde hep aynı şey gerçekleşiyor: İlk saniyede neredeyse korkuya kapılıyorlar. Bu beklenmedik bir durum değil. Daha kötü olan, bizi korkutan şeyler hakkındaysa çok fazla bilgiye sahibiz ve saatlerce konuşmaya hazırız. Hatta gerekirse günlerce bile konuşuruz. Ama kendimizle ilgili muhteşem ve sıra dışı şeyleri anlatmak zorunda olduğumuzda, çoğunlukla bunu yapmakta zorlanıyoruz.

İlk andaki korku geçtikten sonra, çoğu kişi gülmeye başlıyor. Bu durumda gülmek kibar bir kendini savunma davranışından başka bir şey değil. Bir şeye güldüğümüzde, onun içine tam anlamıyla girmemize gerek kalmaz.

Gülme dindiğinde çoğu alıştırmaya belirgin bir güvensizlikle başlıyor. Hatta çoğunun kararsız olduğunu söyleyebilirim. Bu, başkalarının karşısında kendi niteliklerini vurgulamanın kolay olmamasından kaynaklanıyor. Ama çok kısa zamanda oda inanılmaz bir canlılıkla doluyor. Ve bu ilk dakikanın ardından birçok kişi susmak bile istemiyor. Enerji o kadar yükseliyor ki odada sessizliği tekrar sağlamam zor oluyor.

Katılımcılar rolleri değişiyorlar. Ardından bir sonraki kişi kendisiyle ilgili muhteşem şeyleri diğerlerine anlatıyor. Her değişimde öforik ruh hali yükseliyor. Sonunda herkes o kadar açık hale geliyor ki durmadan gülüp birbirlerini takdir ediyorlar ve yüzleri mutlulukla parlıyor.

Peki, burada ne gerçekleşti? Bir dakika boyunca kendilerine dair iyi olduğunu düşündükleri şeyleri anlatmaktan başka bir şey yapmadılar. Başka hiçbir şey olmadı. Bu öforik mutluluk nereden geliyor? Çok basit: Bu mutluluk zaten içimizde yatıyordu. Her zaman oradaydı. Sadece onu unutuyoruz. Bazen kendi kendimizden bile sır gibi saklıyoruz.

Bu muhteşem enerjiyi serbest bıraktığımızda, hiç olmadığımız kadar güçlü hissediyoruz. Bu enerji içimizden taştığı için özgürleşiyoruz. Çünkü gerçekten kim olduğumuzu gösterebilmek fevkalade bir duygu.

İlgi ve takdirle dolu bir rezonans alanı yaratmak istiyorsanız, yukarıda bahsedilen alıştırmayı tek başınıza da deneyebilirsiniz.

- Bir kağıda ya da daha iyisi bir kartona kendinize dair gizlice gurur duyduğunuz her şeyi yazın.
- Unutmayın. Başardığınız o kadar çok şey var ki.
- Bütün niteliklerinizin altını çizin.
- Daha sonra tekrar düşünün. Eğer kendinize izin verseniz, gurur duyabileceğiniz başka şeyler olur muydu?
- Derin bir nefes alın. Listeyi tekrar okuyun.
- Nasıl hissettiğinizi gözlemleyin.
- İçinizde yatan gücü hissedin. Baskı altına alınamaz gururunuzu hissedin. Kendi kendinizden gurur duymaktan aldığınız zevki hissedin. Bunların hepsini gerçekleştirmek harika bir şey.
- Bu listeye o kadar sık bakın ki sürekli yeni şeyler eklemeye dair heves duyun. Listeyi yanınızda taşıyın. Yeni bir fikir geldiği anda bunu listeye ekleyin. Ne kadar çok bu konuda çalışırsanız daha sonraki günlerde o kadar çok yeni fikir edineceksiniz.

Hayatta başardığınız şeylerin sayısını görüp şaşırabilirsiniz. Ne kadar çok fikriniz olursa o kadar iyidir. Çünkü tüm bu bilgiler, şu andaki ve gelecekteki potansiyelinizi oluşturur.

Şu anda bile bunların hepsini yapabilecek kapasiteye sahipsiniz. Belki de sadece bunu unuttunuz. Bilinçsizce bu enerjiden koptunuz. Ama ne zaman bir enerjiden koparsak onu yaymayı bırakırız.

O zaman yeniden bu enerjiyle bağlantı kurun. Bu çok basit. Geçmişte bu muhteşem duyguyu hissettiğiniz, o olaya dair imgeleri kaydettiğiniz zamanı hatırladığınız andan itibaren potansiyelinizle yeniden bağ kurmuş olacaksınız.

- Geçmiş başarılarınızla bağ kurun.
- Bu potansiyeli şu anda birden hatırlayabilirsiniz. O andan itibaren şunları tekrarlamaya başlayın: "Ben buyum. Ben bunu yapabilirim. Benim kapasitem bunu yapmama yeter."
- Bunu yüksek sesle – tercihen ayna önünde – tekrarladığınızda, enerji çok daha güçlü hale gelecektir.

Eğer kendimize değer vermiyor ve saygı göstermiyorsak hiç kimse de bize karşı saygılı ve düşünceli olmayacaktır.

Bahsedilen alıştırmada bir başka adım daha vardır. Bunu seminerlerimde sık sık kullanırım.

Bu diğer adım da karşımızdaki kişiye onda muhteşem bulduğumuz bir şeyi söylemek şeklindedir. O kişiyi neden sevdiğimize, onu sempatik bulduğumuza ve onda olumlu olarak ne gördüğümüze dair nedenleri o kişinin yüzüne söyleriz. O kişiyi yakından tanımıyor olsak bile onda olumlu özellikler bulabiliriz.

Bu alıştırma çoğu zaman şaşırtıcı bir şey ortaya koyar: Kısa zaman içinde odadaki pek çok yüz ışıldamaya ve gülümsemeye başlar. Birçoğu minnetle birbirine sarılır. Birden yakın hale gelirler. Sonuçta kendi kendilerine de yaklaşmış olurlar.

Yakınlık, canlılık ve coşkunluk yaratır.

Bu durumlarda o kadar yakın hale geliriz ki, mutlu oluruz. Tüm bakış açısını değiştirmek için tek bir dakika yeter. Bize tamamen yabancı olan insanlara yakın hissetmek için bir dakika yeterlidir. Bir dakikada rezonans alanımızın titreşimini yükseltmiş oluruz.

Görünüşe göre, bakışlarımızı dışarı çevirsek bile kendi rezonans alanımız genişler. Bu neden gerçekleşir?

Başkalarında bizimle rezonans halinde olmayan bir şeyi göremeyiz. Başka bir insanın pozitif yanlarını keşfetmek istediğimiz ve ona odaklandığımız anda bile bu özellikleri enerji açısından kendimizde bulur ve kendi içimizde uyandırırız. Başkalarını övdüğümüzde, bu övme enerjisini içimizde artırırız.

Bu farklı bir şekilde işlemez. Çünkü kendi içimizde bulunmayan hiçbir şeyi başka birinde göremeyiz. Başkalarında sadece bizim titreşimlerimizle uyumlu şeyleri görürüz.

Başka insanlardaki olağanüstü potansiyeli gördüğümüzde, bunu aynı şekilde kendimizde de görebiliriz.

- Bu yüzden, eğer kendi titreşim enerjinizi yükseltmek istiyorsanız, odak noktanızı karşınızdaki insanın muhteşem yanlarına kaydırın.

Her zaman söz konusu olan bolluktur. Kendimizi bolluk içinde bulduğumuzda – şu an bu sadece zihinsel bir bolluk olsa da – bolluğa dair bir rezonans alanı yaratırız. Benzer benzeri çeker. Yayılan enerji uyum yakalayacağı enerjiyi, yani bu durumda bolluk alanını arar.

- Eğer bolluk ve bereket içinde olmak istiyorsanız, kendi bolluk ve bereketinizi tanıyarak kendinizi zihinsel olarak bu alana yerleştirin.

Düşünce Gücüyle İyileşebilir miyiz?

Kendi kendinizin sınırı sizsiniz,
bunun üstüne çıkın.

HAFIZ

Son bilimsel bulgulara dayanarak bu soruyu "Evet!" diye cevaplayabiliriz. Hatta bu sorunun biraz da ihtiyatlı şekilde sorulması gerekir. Yanlış umutlar uyandırmak ölümcül olabilir çünkü bu yolda başarıyla ilerlemek için birçok faktör göz önünde bulundurulmalıdır.

Günümüzde, düşüncelerimizin etkinliğini ve kendi kendini iyileştirme alanında hislerimizi inceleyen çeşitli tıp dalları bulunur. Hatta şaşırtıcı bir başarı placebo etkisi konusunda görülür.

Ama 'nocebo etkisi'* olarak da bilinen 'hasta olma isteği' de söz konusudur. Bu ifade, düşünce ve inançlarımızla vücudumuzu hastalığa sürükleyebileceğimiz anlamına gelir.

Konferanslarımdan birinde bir adam yanıma geldi ve aşağıdaki hikayeyi anlattı:

Adamın, birçok işçinin çalıştığı bir işyeri varmış. Bir gün iş arkadaşlarından birine meme kanseri tanısı konmuş. Buna

* *Lat.* plasebo = Seveceğim; nocebo = Zarar vereceğim.

tamamen ikna olan kadın, "İşte bu yüzden, bir yıl içinde öleceğim," demiş. Hiç kimse onu bu meme kanseri türünün iyileştirilebilir olduğuna ikna edememiş. Ameliyat başarılı geçmiş ama hiçbir argüman onu bu inancından vazgeçirememiş. Kendi vücudu için bu yıkıcı ifadeyi ilk defa söyledikten tam bir yıl sonra, tam da aynı günde hastanede ölmüş. İsteği her yöne hareket ettirebilecek güce dair etkileyici bir örnek.

Günümüzde isteğin gücünü alternatif tıpta başarıyla kullanıyoruz. Çeşitli örneklerin arasından, migrene karşı Fizyopsikolojik geribildirim yönteminden bahsedelim. Bu sistemde, sensörler arterdeki basınç ya da kas gerilimi gibi bedensel fonksiyonları ölçer. Bu değerler bir bilgisayar ekranında gösterilir. Hasta her rahatladığında monitördeki sembol değişir. Sıradaki hedef, ekrandaki simgeyi doğru gibi göstermektir – bu tamamen zihinsel bir çalışmadır. Bilinçli düşünce beyindeki akışı değiştirir ve bu da monitörden görülebilir.

Hasta böylece – düşünce gücünü kullanarak – kendi vücudunda meydana gelen süreçleri etkilemeyi öğrenir. Marburg'da yer alan CHU'nun yaptığı bir çalışmaya göre, bu yöntem ilaç fark etmeksizin işe yaramaktadır.

Düşüncelerimizin gücüyle çoğu konuda kimyasalların gerçekleştireceğinden çok daha fazla başarı elde ederiz.

Günümüzde bunun gibi birçok deney bulunur. Ama tıp bu keşiflerin tek basamağı değildir. Kuantum tıbbına göre bu alanda hiçbir sınır yoktur. İyileşmesi mümkün olmayan hastalıkların tersine çevrilmesi dahil, her şey mümkündür.

Aşağıdaki olay, düşüncelerimizin vücudumuzla ilişkisinin ne kadar güçlü olabileceğini göstermektedir.

Merhaba arkadaşlar,

Ben kansere yakalandım. Tüm vücutta metastaz başladığından yapılacak bir şey yoktu. Doktorlar bana eğer şansım varsa dört ila altı ay kadar zamanımın kaldığını söylediler; kemoterapi ve ışınlarla 'hayat kalitemi' biraz artırmam gerekiyordu.

'Kendi içime döndüğüm' birkaç günün ardından, – eşimi ve etrafımdakileri şok edecek şekilde – eğer böyle olması gerekiyorsa zamanımın bittiğini kabul etmeye karar verdim.

Kemoterapinin perişanlığı içinde yitip gitmek istemiyordum. Hastalığımı kabul ediyor ve hayata şimdiye kadar bana getirdikleri için teşekkür ediyordum. Daha önce bunu hiç denememiştim. Hayatım aniden gözlerimin önüne serildi; her şeyin üstünde iş vardı. Birdenbire hiçbir şeyin önemi kalmamıştı.

İyileşmeye doğru yöneldim. Bana kalan zamanda kendi işlerimi halletmek için kırsala taşındım. Hayatımı, her günün bir hediye olduğunu düşünerek yoğun bir şekilde yaşamaya başladım. Artık eşimin veya müşterilerimin hayatını yaşamıyordum. Görevimi yapmayı bırakmıştım. Seçtiğim yolda bir doktor arkadaşım beni destekliyordu.

Bir yıl sonra ne bir metastaz ne de kanser izi kalmıştı.

*Cornelia**

---

* Pierre Franckh'ın *İstek Hikayeleri*'nde birçok cesaret verici başarı öyküsü yer alıyor.

Kaderdeki böyle değişimleri duyduğumuzda derinden etkileniriz. Bu aynı zamanda bizim için, düşüncelerimizi hiçbir zaman görmezden gelmeme konusunda cesaretlendirici bir faktördür.

Kendi bedenimde de gözlemlediğim iyi değişimler hakkında da konuşabilirim.

17 yaşındayken omuzlarıma kadar gelen sarı saçlarım vardı. Bundan gurur duyuyordum ve bu benim ergen isyanımın ifadesiydi. Beatles ve Rolling Stones, Woodstock ve Jimmy Hendrix'in çağıydı. Byrds, Mamas & Papas, Beach Boys ve benim zamanımdı. O yaşta bu kadar saç uzatmasına izin verilen nadir delikanlılardandım. İnsanlar beni kıskanır ve bana hayran olurlardı. Gitar çalıyordum, küçük bir grubum vardı ve Çiçek Gücü hareketinin özgürlüğüne kapılmıştım.

Felaket o zaman başladı. Saçlarım dökülüyordu! Kellik başlangıcı yaşıyordum ve bu tipik kellik süreci hem korkunç görünüyor, hem de hippi hareketinin 'öncülerinden' olduğumdan beni oldukça gülünç gösteriyordu. Dehşete kapılmıştım, çok mutsuzdum ve şaşkına dönmüştüm. Gizli gizli Münih'teki bazı kuaförlere gidiyordum ama onlar da bu saç dökülmesinin sebebini bulamıyorlardı. İçlerinden biri, yeni saç çıkarmak için çok pahalı bir saç ekimi gerçekleştirdi.

Münih'te birkaç kere gittiğim bir saç kliniği vardı. Her gittiğimde kesin bir şekilde kelliğin başladığını belirtiyorlardı. Doktorlar bunun tamamen normal olduğunu, sadece benim yaşımda biraz erken gerçekleştiğini söylüyorlardı.

Geceler boyunca ağladım ve umutsuzluğa kapıldım. Benim özgürlükçü hareketimin sembolünün gülünç hale geldiğini kabul edemiyor, etmek istemiyordum. Ama bunu değiştiremezdim.

Sonra değişim gerçekleşti.

Biraz para kazanmak ve psikoloji kurslarına gitmek için (para kazanmadan bunu yapmam imkansızdı), bazı kongre organizatörlerine yardım ediyordum. Konrad Lorenz, Erich von Däniken ve birçok psikoloğun yanı sıra renk psikoloğu Lüsher'le bu şekilde tanıştım. Benim işimi daha az coşku ve hevesle yaptığımı fark eden bir şamanla da tanıştım. Tahmin edileceği gibi, depresiftim. Durmadan beni teselli etmeye çalışan annem bile endişelerimi ortadan kaldıramıyordu.

Şaman bana, beni bu kadar üzen şeyin ne olduğunu sorduğunda kederle, omuzlarıma düşen sarı saçlarımla çevrelenmiş kafamın ortasında oluşmaya başlayan yuvarlak boşluğu gösterdim.

Şaman bana şaşkınlıktan büyümüş gözlerle baktı. Sorunumun ne olduğunu anlamamıştı. Kafamdaki kel yeri işaret ederek, gözlerinde yaşlarla, "Burası," diye bağırdım.

Şaman bir kahkaha atıp, "Neden saçlarınla konuşmuyorsun?" diye sordu.

Bu açıklamayı çok yersiz ve gereksiz bulmuş ve onun için dosya hazırlama isteğimi kaybetmiştim.

Bir sonraki gün bana saçlarımla konuşup konuşmadığımı sordu. Benimle alay etmediğini ve gayet ciddi olduğunu görmeseydim gücenecektim. Kafasını salladı ve şunu söyledi: "İstediğin kadar insanla konuşabilirsin. Ve gördüğüme göre insanlarla da iyi konuşuyorsun. Neden kendi kendinle konuşmuyorsun? Neden doktorlara ya da uzmanlara kendinden daha çok güveniyorsun? Hiç kimse bizim üstümüzde, kendimiz kadar etkiye sahip değildir. Ben bedenimin sorumluluğunu kimseye emanet etmem. Bu hep kendi yönetimimde olmasını istediğim bir şey. Ama tabii bu senin kararın." Gülümsedi ve tekrar işine döndü.

Bunu biraz saçma bulsam da o gece saçımla konuşmaya başladım. Nerede uzamaları gerektiğini söylüyordum. Ve bu saçsız bölgeyi nasıl tarayacağımı gözümde canlandırıyordum. Bu en azından beni cesaretlendiriyordu.

Bir sonraki gün şamanın yanındaki son günümdü, bana bir anlığına baktı ve gözlerimde bir güven gördü. "İyi, başlamışsın," dedi.

"Evet," dedim ve artık bunu saçma bulmuyordum.

"Çok iyi, ama bunun sadece bir yolculuğun başlangıcı olduğunu unutma. Bu sadece saçlarınla ilgili değil. Bunu unutma. Bu sadece ölü bir doku değil. Yaşayan doku üzerinde çalışmaya ne zaman başlayacaksın?"

O andan itibaren sabah akşam saçlarımla konuştum. Bir hafta sonra ilk tüycükler belirdi. İki hafta sonra ise kel olan o yerde kısa kısa saçlar vardı. İlk bir ay, omuz hizasındaki saçlarımın arasındaki diken diken kısacık saçlar beni komik gösteriyordu. Altı ay sonra ise her şey son bulmuştu.

Bugün 55 yaşındayım ve hâlâ gür saçlarım var. Bana şaşırtıcı gelmiyor. Asıl hayret ettiğim, geçmişte deneyimlediğim bu olayı unutmuş olmam. Bugünkü bakış açım ve bilgimle, bütün bunları farklı şekilde değerlendiriyorum. O zaman şamanın gizli güçlerinin etkisi olduğunu düşünüyordum. Bugün ise biliyorum ki bana sadece kendi gizli gücüme inanmayı öğretmiş.

Bugün ismini hatırlamama rağmen, sevgili Şaman, bu harika yaşam koçluğun için teşekkür ederim. Sen olmasaydın nasıl bir hayatım olurdu bilmiyorum.

Bu olayı çok uzun zamandır unutmuş olsam da bedenimle iletişim kurmayı hiç bırakmadım.

Bu arada eğer sağlıklı olmayı diliyorsak, sadece bir kez söyleyip sonra unutacağımız bir şey olmamalı, çünkü bu sürekli meşgul olmamız gereken bir arzu.

- Çabucak iyileşmek istiyorsak, sadece sağlıklı olmayı istemekle kalmayıp tüm bedenimizi de düşünce gücüyle güçlendirmeliyiz. Sağlıklı olma isteğimizin gerçek katalizörü budur.
- Kendinizi pozitif düşünceyle destekleyin. Şimdiye kadar kendi içinizden gelen ve bedeninize karşı yönelmiş olan tüm yıkıcı güçler yavaş yavaş yok olacak. Geçmişin tüm kötü düşünce kalıpları yok olacak ve yeni, muhteşem kalıplar onların yerini alacak. Bu şekilde sağlığınızı hızla yeniden edinebilir, sağlıklı kalabilir ve bedeninize sürekli iyi ve taze enerji sağlayabilirsiniz.
- Kendinizi bilinçli şekilde, sağlıklı olarak gözünüzün önüne getirin. İç gözünüzle kendinizi zıplarken, bisiklete binerken, top oynarken, kayak yaparken, dans ederken, yüzerken, koşarken ya da sevgilinizle beraber olurken hayal edin.
- Size mutluluk veren her şeyi en renkli şekilde canlandırmanız gerekir. Tüm bunlar kendi kendini iyileştirme gücünü artırıp hızlandırır çünkü sağlıklı olmanızı sağlayan olaylarla rezonans haline geçersiniz.

Uygun olumlamalar arıyorsanız, internet sitemi ziyaret edin ya da *Sadece İste ama Doğru İste* isimli kitabımı tekrar okuyun. Orada tüm bir bölüm ‘sağlığa’ ayrılmıştır.

İki Partner Arasındaki Ruhsal Çekim Gücü

Asıl önemli olan şeyler hakkında bir uzlaşma bulunmuyorsa, ortak projelere biçim vermek anlamsızdır.

KONFÜÇYÜS

Mutlu ve tatmin edici bir ilişki hiç şüphesiz – sağlıktan sonra – en çok beslenen istektir. Hayatımıza ideal partneri getirmek için, doğal olarak burada da uygun rezonans alanını oluşturmak gerekir.

Genel anlamda bir adam ve bir kadın okyanusları bile aşarak birbirlerini nasıl bulabilirler?

Çok basit: Burada belirleyici olan çekim gücüdür. Uzaklığın, sosyal ve kültürel farklılıkların ve diğer engellerin de hiçbir önemi yoktur. İki insan ortak rezonans alanına girdiğinde tüm engeller aşılabilir. Çoğu zaman bu iki insan da şüpheye yer bırakmayacak şekilde birbirlerinin yolunda yer alırlar ve hayallerindeki partnerle tanıştıklarında şaşırırlar.

İki insan birbirini tanıdığında, önce kendi kendilerini hatırlarlar.

Başka bir insanla rezonans alanına girdiğimizde kesin bir yakınlık söz konusu olur. Artık birbirlerini duymak için sözlere ihtiyaçları yoktur. Başka bir insanla rezonans halinde olmak bir insan için en büyük başarıdır. En sonunda ona ulaşırız. Böylece kendimize ulaşmış oluruz. Çünkü gerçekte *sadece* kendimizi hisseder ve *sadece* kendimize yaklaşırız. Diğer kişi bizde yansımasını bulur. 'Aşkla' ifade ettiğimiz şey, kendimize karşı duyduğumuz aşkı tanımak ve hem kendimizle hem de diğer kişiyle 'bir' olmaktır.

Başlarda tüm çiftler ortak noktalar arar. Bu ortak noktaları buldukça birbirlerine ait olduklarına inanırlar ve aşklarının uzun süreceğinden emin olurlar.

Gerçekte, diğer kişide aradığımız kendimizden başkası değildir.

Eğer temelde partnerimizle aynı yaklaşıma sahipsek krizler bile bizi ayıramaz ve düşünce farklılıkları bile birbirimizden koparamaz.

Her çift, özellikle de uzun vadede, krizler atlatır. Ama 'kriz' aynı zamanda arınma ve iyileşme anlamına gelir. Bir krizin derin anlamı burada yatar. İlişki sayesinde büyürüz ve çocukluktan kalan yaraları iyileştiririz. Bu bazen yorucudur ve çift için ağır bir yük oluşturur. Ama rezonans halinde olan bir çift her türlü sınamaya göğüs gerecektir. Krizler birlikte atlatılır. Dünyadaki hiçbir şey aidiyet hissini sorgulatmaz.

Tam tersine muhteşem bir rezonansta olmayan bir çift bir araya geldiğinde, bu durum onlar için dengesiz bir şekilde zor olacaktır, çünkü onlar o kesin çekim gücünün bağına sahip değillerdir. Rezonans halinde olmayan bir çift ortak bir yola koyulmaya karar verdiğinde, yine bu yol onlar için dengesiz şekilde zor olacaktır. İkisi de çekim gücünün yokluğunu hissedecektir. Ve çekim gücü yetersizse çoğu zaman bu aşkın yetersiz olduğunu düşüneceklerdir. Gerçekte eksik olan, uyumlu bir enerji ve niteliklerin yansımasıdır.

Neden ruhumuzun partnerini hayatımıza hemen çekemeyiz?

Bu sorunun cevabı bizdedir. Çoğu zaman rezonans alanımız ruhumuzun partnerine yönelmemiştir. Bazen tamamen farklı çekim noktaları oluştururuz. Bazen cinsel tatmine ya da belli bir maddi güvenliğe daha fazla anlam yükleriz veya yalnız kalamayız ya da tatile çıkmak için birine ihtiyacımız vardır. Liste sonsuza kadar uzar. Belki de yakınlık ve sonsuz bağlılığı kabul etmeye hazır değilizdir. Belki de bu kadar derin ve bağlayıcı bir aşkın seviyesinde yer alamayız. Belki korkarız, belki de böyle bir ilişkinin biteceğine dair endişeleniriz.

Bu yüzden kendinize haksızlık etmeyin. Her birlikteliğin ve her aşkın bizi daha büyük bir tutku için hazırladığını öğreniyoruz ve bir gün cesaretimizi toplayıp ruhumuzun partnerini hayatımıza davet edeceğimizi biliyoruz.

İdeal Partner için Gereken Rezonans Alanını Nasıl İnşa Ederiz?

Aşka sahip olmadan onu başkasına sunamayız,
ona da sadece başkasına sunduğumuzda sahip olabiliriz.

AZİZ AGUSTİN

Rezonans halinde olmak, birbiriyle uyumlu olmak, yani aynı dalga boyundaki biriyle ya da bir şeyle aynı titreşimi yaymak anlamına gelir. Rezonans Kanunu iki kişi arasında geçen bir şeyin sadece karşılıklı olarak hissedilebileceği prensibine dayanır.

Rezonans Kanunu asla tek taraflı olmaz.

Eğer bir enerji yayarsak o da mecburen kendisine benzer bir titreşimde bulunan bir enerjiyle karşılaşacaktır. Ve bu durum her gerçekleştiğinde bir başka kişiyle rezonans halinde oluruz. Rahatlamış ve neşeli hissederiz; uçacakmış gibi hisseder, hatta öfori bile yaşarız.

Dayanıklı çekim güçleri işlediğinde bu, ruhumuzun partnerini bulacağımız anlamına gelmez, sadece güçlü bir benzerlik bulacağımız anlamına gelir. Bu bazı şeylerle aynı hislere veya düşüncelere, benzer yaralara veya düşüncelere sahip olduğumuz ya da ortak bir özlemi paylaştığımız anlamına gelir.

Bazen rezonans halinde olduğumuzda, birini şaşırtıcı şekilde çekici bulduğumuzu hissederiz. Çekim yasası o kadar güçlü olur ki kendi duygularımız kontrolümüzden çıkar. Bu durum bizi içine çeker. Kendimizi bu şartlardan kurtaramayız. Çekim gücü o kadar yoğun olabilir ki titreriz, ağlarız ya da başka bir insanı düşündüğümüz anda uyarılırız. Düşüncelerimiz sadece bu insanın etrafında dönmeye başlar.

Ve birkaç hafta sonra hiçbir şey hissetmeyiz. Artık çekimin hiçbir izi kalmamıştır. Bizi yakalayan büyü de aynı şekilde kaybolmuştur, böylece yavaşça uyanırız. Bazen sadece birkaç gün önce bütün bu duyguları nasıl hissettiğimize anlam veremeyiz. Kendimizden şüpheye düşmemiz bile söz konusu olur. Hatta kendimize kızabiliriz.

Gerçekte, rezonans alanımız değişmiştir. Veya diğer kişinin rezonans alanı değişmiştir ve artık aramızda uyumlu bir titreşim yoldur.

Başka şeylere odaklandıkça değişiriz; uyumlu rezonans alanları kaybolur ve o kişiye karşı artık hiçbir şey hissetmez hale geliriz. O kişi bizimkine benzer bir değişim geçirip benzer bir yere ulaşmadığında gerçekleşen durum budur.

Eğer rezonans alanları yalnızca anlık düşünce ve isteklerin üstüne kuruluyorsa, daha uzun süreli ve daha derin benzerlik ve inançlara dayanmıyorsa, o çiftin ilişkisi de uzun soluklu olmayacaktır. Bu yüzden bir hayat partneri ararken, gerçek ve derin ilişki için partnerimizi bulabilmek adına doğru rezonans alanlarını oluşturmamız çok önemlidir.

Bu son nokta partner seçimimiz için büyük bir öneme sahiptir. Çünkü uzun zamandır dünyanın geri kalanıyla rezonans alanımız aracılığıyla iletişim kurduğumuzu fark etmemiz gerekir.

Rezonans Kanunu – sürekli ve soru sormayı gerektirmeden – tüm dünyayı anlatır.

Sözsüz düzlemde sırlara yer yoktur. Sessiz değişim tüm düzlemlerde gerçekleşir. Rezonans alanınız sadece bilinçli bileşenlerden değil, bilinçsiz bileşenlerden de oluşur. Çünkü ancak bu şekilde ideal partneri çekebiliriz.

İdeal partner şüphesiz bizim karakterimize en benzer kişidir. Çünkü bu sayede aynı hedeflere, isteklere ve arzulara sahip oluruz. Bu durum, partner seçiminde kişilik yapımızın, sonucu ve doğal olarak ilişkimizin içeriğini önceden belirlediğini gösterir. İlişkilerimizde, en çok ortak kişilik bileşenine sahip partnerleri seçeriz ki bu bileşenler olumlu da, olumsuz da olabilir.

Örneğin geçmişimiz bize daha çok fiziksel özelliklere dikkat etmemizi ve çok da yakınlık peşinde koşmamamızı söylerse, tam da bu kalıba uyan birini çekeriz. Bu noktada partnerimizle maksimum uygun düşme seviyesine ulaşırız. O zaman elde ettiğimiz büyük ihtimalle derinliğe ve karşılıklı güvene dayanmayan geçici bir maceradır. Daha fazlası isteklerimize 'uygun' düşmemiştir. Bu maceranın sonunda kendi kendimize seçtiğimiz bu deneyim, bize doğal olarak daha fazla yakınlığın bizi daha çok yaralamaktan başka bir şey yapmayacağını düşündürür.

"Belki de partneriniz sizden daha fazlasını beklediği için kendi kendinize baskı yapacaksınız. Ama geçmişin yaraları daha yoğun bir yakınlığa izin vermeyecek. Bu durumu gizli tutup yol almak mı yoksa değişip daha fazla yakınlığı kabul etmek mi gerektiği konusundaki çatışma, üzerinizde gerçekten baskı yaratacak. Her durumda bu yetersizlikle karşı karşıya kalacağız. Bunu hiç istemesek bile savaş, nefret ve saldırganlık doğacak. Sonuç olarak yakınlık korkusuyla ilgilenmiş olacağız. Bu yüzden rezonans alanımız da bizi tam da bu yetersizlik hissiyle baş başa bırakacak insanı arayacak. Bu gerçekten çok kötü sonuçlar doğurabilir."*

Bu kısır döngüden nasıl çıkacaksınız? Tabii ki sizi 'kurtaracak' başka bir partner arayarak değil. Kendinizi olduğunuzdan farklı göstererek de değil. Bunu yapmak sadece ilişkinin başında bir yere kadar işe yarayabilir. Başka biri olmak oldukça yorucudur. Çok kısa sürede nefessiz kalırsınız. Büyük ihtimalle bu kadar yorulduğunuz için de kederleneceksiniz. Böylece gerçek kişiliğiniz su yüzüne çıkacak ve gerçekte kim olduğunuzu o kişiye göstermiş olacaksınız.

Aslında doğru olan, partnerinizin hayatının size benzemesidir. Partneriniz de başta size en iyi yönlerini gösterecektir. Doğal olarak, bu şov çok uzun süre devam edemez. Ve birdenbire hayal kırıklığına uğramış iki kişi karşı karşıya kalır çünkü kaçmak istedikleri şeyleri yeniden keşfederler.

Sadece sizin tüm özelliklerinize uygun insanlar sizin tarafınızdan bir çekim hissedecektir.
Size, yaydığınız enerjinin aynısını gönderirler.

Şimdi, neden durmadan aynı tipteki insanları çektiğimizi, neden hep aynı karakterdeki insanlara âşık olduğumuzu ve neden hep benzer deneyimleri yaşamak zorunda kaldığımızı anlayabiliyoruz. Sadece rezonans alanımızı değiştirerek, hayatımıza daha farklı partnerleri davet edebiliriz.

---

* Pierre Franckh, *Aşk için Mutluluk Kuralları.*

En iyisi, tam da şu anda oluşturduğunuz rezonans alanlarını daha dikkatli bir şekilde gözden geçirelim. Bunu keşfetmek nispeten kolaydır. Ama bunu yapmanın şartı, kendinize karşı tamamen dürüst olmaktır. Rezonans alanınızı kandıramazsınız.

- Şu an etrafınızda yer alan insanları inceleyin. Nasıl bir enerji yaydığınızı anlayacaksınız.
- İlişkiye dair fikirlerinize göz atın. İlişki sizin için muhteşem mi yoksa yorucu bir şey mi? İlişkinin sizi zenginleştireceğini mi düşünüyorsunuz, yoksa ondan kaçmak mı istiyorsunuz?
- Buna tamamen açık ve hazır mısınız, yoksa içinizde kapalı kalmış yanlar var mı?
- Artık tekrar tekrar yaşamak istemediğiniz şeyler var mı? Bu olayları kendinize çekiyorsunuz çünkü onlardan tamamen kurtulmuyorsunuz. Onları hâlâ sizi çevreleyen enerji alanında tutuyorsunuz.
- Partnerinizle hayatınızı gözünüzde canlandırmanız sizin için kolay mı? Yoksa sizi rahatsız eden imgeler de mi su yüzüne çıkıyor? Bu rahatsız edici düşünceler ve imgeler en güçlü şekilde yaydığınız enerjidir çünkü bunlar sizin inançlarınızdır. Kendinize şunu hatırlatın: Kalbinizden yayılan inançlar, beyninizden yayılan düşüncelerden 5000 kat daha güçlüdür.
- Bir ilişkide neyi ortaya koymaya hazırsınız? Bunu daha önceki ilişkilerinizde de ortaya koydunuz mu? Peki bunu daha önceki ilişkilerinizde de yaşamış olabilir misiniz? Eğer durum bu değilse, belki de istek duyuyorsunuz ama aslında bu 'nitelikleri' yaşamıyorsunuz. O zaman tek yaydığınız şey bu eksiklik oluyor.

- Sizi meydana getiren şeyleri düşünün. Güçlü ve güçsüz yanlarınızı gözden geçirin. Güçsüz yanlarınız konusunda kendinizi teselli etmeye başlayın, böylece partneriniz de aynı şeyi yapacak. Bu aynı zamanda, sizin de güçsüzlüklerinizin farkında olmanız anlamına gelir.
- Hayatınıza sadece kendinizde bulunan şeyleri çekebilirsiniz. Bunu kabul ettiğiniz anda gerçek kişiliğinizi bulur ve hayatınıza size uygun bir partner çekersiniz. Ve bu şekilde partneriniz de sizden saklanmamış olur.
- Gerçekten ilişki insanı mısınız, yoksa aslında isteyip istemediğinizi bilmediğiniz bir kalıbı mı takip ediyorsunuz?

Yapacağımız en iyi şey, karanlık noktalarımızı dürüstçe yönetmektir, çünkü rezonans alanımız sadece bilinçli değil, bilinçsiz isteklerimizden de oluşur.

Karanlık bölgelerinizin izine kolayca ulaşabilirsiniz. Sadece aşağıdaki cümleleri tamamlayın, bunu yaparken de fazla düşünmeyin. Aklınıza ilk gelen şey her zaman iyidir:

"... korkuyorum."
"Asla... yeniden yaşamak istemem."
"İlişkilerin bence en kötü yanı ..."
"Kadınları/Erkekleri sevmiyorum çünkü ..."

Korkularınız bilinçsiz isteklerden başka bir şey değildir ve bildiğiniz gibi korkular daha güçlü ve dayanıklı bir çekim enerjisi yayarlar. Tekrar yaşamak istemediğiniz her şey de bu duygusal yapının içinde yer alır. İlişkiler hakkındaki inançlarınız ve karşı cins konusundaki düşünceleriniz de burada bulunur. Bunların hepsi, yaydığınız enerjide yer alır.

Bu negatif balondan çıkmak düşündüğümüzden daha kolaydır. Ama bunu anlamak için, önce karanlık taraflar hakkında başka bir önemli özelliği düşünmemiz gerekir.

Karanlık taraflarımız, kendi kendimize katkıda bulunamayacağımız özelliklerden oluşur.

Belki de sonunda yürekten gelen derin bir güven istiyoruz – ama kendi kendimize zar zor güven duyabiliyoruz.

O yüzden ilişkiye getirebileceğimiz şey kuşku oluyor. Ve enerji alanımızda kuşku yer aldığından – bu özelliğimiz iyileşene kadar – doğal olarak, rezonans alanımızla da bu duruma son vermeyecek partnerleri çağırıyoruz.

Yani, karanlık taraflarımız ilişkinin temelini büyük ölçüde belirler. Bu yüzden geçici olarak isteklerimizin listesi – ilişkide yaşamak istediğimiz her şey – çok da önemli değildir. Çok daha önemli olan şu sorudur:

Bir ilişkiye ne getirebilirsiniz?
Ne verebilirsiniz?

Örneğin, gelecekteki partnerinizin size karşı her zaman dürüst olmasını istiyorsanız 'mutlak dürüstlük' tabii ki listenizde yer alacak. Çünkü bekleyişiniz o yönde. Daha azıyla mutlu olmayacaksınız. Blöf yok, ağzı sıkılık yok, sadakatsizlik yok, yalan yok, kandırma yok, sırlar yok. Eğer bu gerçekleşirse her şey yolunda gidecek. Ama talep ederken sizin de ortaya bir şeyler koymanız gerekir.

Burada da şu soru belirir: Gerçekten bir ilişkide bunu verebilir misiniz? Blöf, gizlilik, sadakatsizlik, yalan, kandırma, sır olmadan bir ilişki sürdürebilir misiniz? Kendinizi böyle mi görüyorsunuz?

Bu, kendinize karşı da gerçekleştirmeniz gereken bir şeydir. Aksi takdirde belki birçok şey isteyebilirsiniz, ama bu gerekliliklerin seviyesine kendiniz de ulaşamazsınız. Eğer mutlak bir sadakat ya da tam bir dürüstlük istiyorsanız, sizin de bunları aynı şekilde vermeniz gerekir. Bu davranışlar sizde zaten bir iz bırakmış olmalıdır.

Maalesef gerçekte istediğimiz 'şeylerin' çoğunu biz sağlayamıyoruz. Aksi takdirde onları istemiyor olurduk.

Eğer bir şeye sahip değilsek, onun için gereken rezonans alanını kurmamışız demektir.

Maalesef içimizde başka bir şey daha güçlü şekilde titreşir. Bu titreşimin kaynağı partner seçimi konusunda kendi karakterimizdir. En güçlü verici odur. En büyük rezonans alanını o meydana getirir. Gerçek karakterimize uyum gösteren şeyi asla elde edemememizin nedeni budur. Partnerimiz bizim yansıttığımız imaja uyum gösterecektir. Çünkü bunlar, bizim rezonans alanımızı yaratan kendi bilinçsiz inançlarımızdır.

Partner olarak her zaman kendimizi seçeriz.

Aslında zaten olduğumuz, kendi içimizde taşıdığımız kişinin özelliklerini elde ederiz.

Belki de zaten fark ettiniz; burada ilginç bir kısır döngünün içinde hapsolmuş durumdayız. Bir yandan, kendimiz için ilişkide istediğimiz her şeyin gerçekleşmesi için gereken yeteneklerin çoğuna sahip değiliz. Öte yandan, bu yetenek eksikliğini gidermek için bir ilişkiye ihtiyacımız var çünkü sadece bu şekilde deneyim kazanıp sadakati, dürüstlüğü, dikkati, yakınlığı, güveni, sabrı ve buna benzer özellikleri öğrenip içimizde kurabiliriz.

Bu oldukça paradoksal bir durumdur; ilişkimiz yok çünkü bunun için gereken birçok özelliğe sahip değiliz. Ama bu eksiklikleri telafi edebilmek için de ilişkiye ihtiyacımız var.

Bu kısır döngüden nasıl çıkabiliriz?

Aslında bu oldukça basit. Çoğu zaman en kolay yollar en etkili olanlardır.

- İsteklerinizin listesini yapın ve hepsini kaydedin! Hiçbir şeyi atlamayın. Liste belki de uzayıp gidecek. En küçük bir ayrıntının bile bu listede yeri var. Her türlü özlem, umut, en gizli fikirler de burada yer almalı.
- En büyük fark şu: Sadece partnerimiz bu 'özelliklere' sahip olsun istemeyiz. Bu, gelecekteki partnerimize yönelmiş bir istek listesi değildir – hayır, bu bizim gelişim listemizdir. Bu bizim potansiyelimizdir. İlişkideki ortak hedefimizdir.
- Kendimize tıpkı bizim gibi olan, tüm iyi özellikleri ve aynı zamanda yetersizlikleri konusunda eşitimiz olan bir partner isteriz. Bu isteklerin olduğu yönde gelişebilmesi için onun da aynı arzulara sahip olması gerekir!

Bu şekilde bizim tam anlamıyla eşitimiz olur. Bizimle aynı şeyleri ve kendini geliştirmeyi ister. Ondan kendisini kurtarmamızı ya da tüm eksiklerini telafi etmemizi beklemeyecektir, biz de aynı şeyi ondan beklemeyiz. Artık karşılıklı olarak her şeyi yapabileceğimize dair kendimizi inandırmamıza gerek kalmaz. Artık gerçekte kimsek ona dönüşmeye hakkımız vardır. Kendimiz olabiliriz.

Ve aniden kendimizi partnerimizle tam bir rezonans halinde buluruz; aynı titreşime, hedeflere ve isteklere sahip hale geliriz ve artık kendimizi saklamamıza gerek kalmaz. Henüz mükemmel olmadığımızı ama yola koyulacak kadar güçlü olduğumuzu biliriz. Artık iki partner de birlikte olgunlaşacak ve büyüyecektir. İkisi de asıl meselenin ne olduğunu ve ne hakkında çalışmak istediklerini bilecektir. Her zaman mükemmel olma söz konusu olmayacak ama aynı zamanda artık partnerimizin de mükemmel olmasını beklemeyeceğiz. Dahası, gelecekteki bu ilişkinin bir işlevi ve daha derin bir anlamı olacak.

Hayatımıza mükemmel bir partneri – bizimle uyumlu, bizi anlayan, bize yakın ve tanıdık gelecek ve farklılıkları anlama konusunda aynı oranda hazır olacak bu kişiyi – çekmenin en hızlı yolu şudur:

Kendi gelişimimizde bize eşlik edecek bir partner isteriz. Böylece partnerimize kendi gelişiminde eşlik etmeye de hazır oluruz.

Yalnızca, kendimizdeki birçok şeyin kusurlu olduğunu, mükemmel ya da tamamen ilişki insanı olmamızın gerekmediğini ve birçok kusura sahip olmaya hakkımızın olduğunu fark ettiğimizde kendimizle yakınlık kurabiliriz. Ancak bu şekilde partnerimiz de bize yakın olabilir. Daha önceleri bu kişiyi, küçük sırlarımızı açığa çıkarır ve gerçeği keşfeder korkusuyla kendimize o kadar da yaklaştırmıyor, onu uzakta tutuyorduk.

Ancak kendi kendimize yaklaştığımızda partnerimiz kendini olduğu gibi gösterebilecek güveni bulur. Ancak bu şekilde biz de ona yaklaşabiliriz. Saklambaç artık sona erer.

En sonunda sevgilimizle el ele ortak bir yola çıkabilir ve dünyayı keşfedebiliriz çünkü ilişki içinde enerjimizi harcamayız. Hayat kolay ve rahat hale gelir. Partnerimizle aynı anda değişir ve muhteşem bir ruh partneri olabilmek için gelişiriz.

Kendinizle ve Gerçek Hislerinizle Rezonans Halinde Olmak

Gerçek mutluluk kendinizle uğraşmaktan değil, hayati bir hedefe adanmaktan gelir.

HELEN KELLER

Sizin dünyanızda, zaten sizde bulunmayan hiçbir şey size ulaşamaz. Başka bir şeyi algılayamazsınız bile. Başka hiçbir şeyi çekemez, başka bir şey tarafından da çekildiğinizi hissetmezsiniz.

Ne kadar hızlı şekilde kendi kendinizle rezonansa girerseniz, dünyanız sizin bakış açınızdan mucize diye yorumlayabileceğiniz bir hızda değişir.

Gerçek kişiliğimizle, hislerimizle, arzularımızla ve isteklerimizle rezonans halinde olmadığımızda, özlemlerimiz çoğu zaman gerçekten istediğimiz şeylerin yerine koyduklarımız tarafından emilir. Çünkü arzularımız bilinçli değildir ya da onları tam anlamıyla kabul etmeyiz, bu yüzden kolay bir şekilde manipüle edilebilirler. Örneğin mutluluk arzusu hızla diğerleri için bir koza dönüşebilir. Günümüzde insanlardan para alabilmek için onların arzularını sömürmeyi amaçlayan dev bir endüstri vardır. İlgi çekici mağazalar, alışveriş cennetleri bizde özellikle bir özlem yaratırlar ve bizi kandırıp, bu arzuya teslim olursak hızla mutlu olacağımıza inandırırlar. Bu 'mutluluğun' kandırmaca olduğunu fark ettiğimizde, tüketim sistemi tarafından çoktan başka bir alışverişe yönlendirilmişizdir.

Ama hislerimizle tekrar rezonansa girmemizden itibaren, hangi insanların ve hangi şeylerin hayatımızı kalıcı olarak zenginleştirdiğini fark etmek kolaylaşır. Artık bu ilüzyonların oyuncağı olmaktan kurtuluruz, hatta çoğu zaman onları fark etmeyiz bile. Bilincimiz ilüzyonları filtreler ve algımızdan uzak tutar. Bunların hâlâ çevremizde yer aldığının tabii ki farkındayızdır ancak artık onlar tarafından çekildiğimizi hissetmeyiz. Peki, kendimizle nasıl rezonansa gireriz?

Aşağıdaki soruları yanıtlayın:

- Mutlu olmak için neye ihtiyacınız var?
- Tamam, gerçekten mutlu olmak için neye ihtiyacınız var?
- Ne olmadan yaşayamazsınız?
- Kendinizde en çok neyi seviyorsunuz?
- Hiç kimsenin sizin hakkınızda bilmediği şey ne? Neyi gizli tutmak 'zorundasınız'?
- Kendinizden gizlediğiniz ne?
- Hangi özelliğinizden utanç duyuyorsunuz?
- Hangi konuda kendinizi yargılıyorsunuz?
- Tam anlamıyla yaşamaya çekindiğiniz özellikleriniz neler?

Bu sorulara vereceğiniz cevaplar, gerçek isteklerinizi ve korkularınızı gösterir. Onları ne kadar inkar ederseniz, kendinizden o kadar uzaklaşırsınız. Onlarla ne kadar bütünleşip onları tanırsanız, o kadar özgün olursunuz.

Kendinizle ve tüm yönlerinizle bütünleşin.

Hepimizin karanlık tarafları var. Ama kim bunların karanlık olduğunu düşünüyor? Belki de kendi ışığımızı bulacağımız yer burasıdır. Belki de yaratıcılığımızın, kurtuluşumuzun ve hayatta kalma şansımızın yattığı yer burasıdır.

Siz muhteşemsiniz. Eşsizsiniz.

Evet, belki yolculuğunuz boyunca dengeyi sağladınız. Dengenizden dolayı kendinizi sevin. Yönünüzü değiştirdiğiniz zamanlar için kendinizi sevin. Bu sizsiniz. Sizi siz yapan şey tam olarak bu ve bundan dolayı muhteşem bir insansınız. Mükemmel olsaydınız zaten aydınlanmış ve bu yolu çoktan aşmış olurdunuz. Ve dürüst olmak gerekirse, kim mükemmel bir insana ilgi gösterir ki? Mükemmel varlıklar diğerlerine sadece aşağılık kompleksi hissettirir.

En iyisi karanlık taraflarınızla bütünleşmeniz; bu yanlarınızı rahatlatıcı bir ışık altında ne kadar çabuk kabul ederseniz, mutluluk hissiniz o kadar tamamlanmış olur.

Kendinizle bütünleşebildiğinizde gerçekten kendinize ulaşmış olursunuz.

Kusurlular kulübüne hoş geldiniz! Oynamayı bıraktığımızda ve kabul edeceğimiz bir şey kalmadığında, birbiriyle çatışan tüm taklitler de sona erer. Her şeyi olduğu gibi bırakabiliriz.

Sadece kendiniz olun. Daha büyük bir hediye söz konusu olamaz. Sizden daha büyük bir hediye yoktur. Kendinize dair tüm planlarla bütünleşin.

Önyargıların Gücünü Kullanmak

Yeni bir fikri olan insanlar, bu fikir kabul edilene kadar deli olarak görülürler.

MARK TWAIN

Çoğu zaman başka insanları bilinçli şekilde rezonans alanımızla etkileyip etkileyemeyeceğimiz sorulur. Düşüncelerimizin gücü sayesinde başka birinin davranışlarını değiştirebilir miyiz?

Geçenlerde televizyonda ilginç bir anketin sonuçları yayınlandı: Önyargılarımız gelecekteki durumumuzu ne kadar etkiler?

Sarışın kadınların bu testte nasıl bir performans gösterdikleri araştırıldı. Sonuçlar, başka saç renklerine sahip kadınların sonuçlarından daha mı kötüydü? Sarışınların basit, hatta aptal olduklarına dair önyargıyı doğruluyor muydu? Ya da diğerleri kadar veya onlardan daha iyi sonuçlar mı elde etmişlerdi?

(Okumaya devam etmeden önce bu soruyu kendiniz cevaplamaya çalışın.)

Anketin sonuçları ilginç olduğu kadar endişelendiriciydi de! Önceden hiçbir etkide bulunmadığımızda, sarışın kadınlar da diğerleriyle aynı performansı gösteriyordu. Ancak testin başına "Sarışın mısınız, kumral mı?" gibi nesnel olmayan bir soru konulduğunda ve ilgili alanı işaretlemeleri istendiğinde, şimdiye kadar duyup katlanmak zorunda kaldıkları tüm önyargılar su yüzüne çıkıyor ve şimdiki davranışı etkiliyordu.

Bu durumda, sarışınlara karşı önyargıyla karşılaşan sarışınlar kumrallara kıyasla gözle görülür şekilde daha düşük performans gösterdiler. Ama aynı zamanda 'dengeleri bozulmamış' olan sarışınlardan da düşük performans göstermiş oldular.

Daha kötüsü, Amerika'da gerçekleştirilen bir test, katılan insanlar üzerinde önyargının ne kadar etkili olduğunu ortaya koydu: Siyahiler teste başlamadan önce 'siyahi' kelimesini işaretlemek zorundaydı. Ve gerçekten de bu şıkkı işaretleyen kişiler bu soruyla karşılaşmamış olan siyahilerden çok daha kötü bir sonuç elde ettiler.

Önyargının sadece hatırlatılması bile insanı hemen tuzağa düşürüyor ve bu önyargıyı düşünmek istemesek bile onu inkar ediyor ya da onunla savaşıyoruz. Onlarca yıl boyunca duyduğumuz her şey o anda tetikleniyor. Başka bir deyişle, hemen bu önyargıyla rezonans haline geçiyoruz ve onun boyunduruğu altına giriyoruz.

Bilinçli veya bilinçsiz olarak, bizim hakkımızda söylenenlere yaklaşıyoruz.

Aynı anket şunu da ortaya koydu: Sarışınları harika şeyler gerçekleştirebilecekleri konusunda teşvik edersek testlerini daha öncekinden çok daha iyi şekilde tamamlıyorlar.

- Eğer testleri başarıyla geçmek istiyorsak, ne kadar iyi olduğumuzu ve başarabileceğimizi söylemek kadar, bizi bu inanç konusunda güçlendirebilecek bir alan yaratmak da önemlidir.
- Arkadaşlarınızın ve ailenizin desteğini alın.

Önyargıların açık şekilde belirtilmesine bile ihtiyaç duyulmaz. Üstümüzde bir etki yaratabilmeleri için onları düşünmemiz bile yeter.

Geçenlerde, bir enstitünün gerçekleştirdiği bir test hakkında bir şeyler okuyordum. Genç birine matematik ödevi verilmiş. Testten önce onun başında bekleyecek olan profesöre bu gencin bir matematik dehası olduğu söylenmiş. Test boyunca profesörün içinde öğrenciye dair bu kadar olumlu bir düşünce yer almış. Öğrencinin beyin aktivitesi elektrotlarla izleniyormuş ve bu olumlu etkinin altında öğrencinin beyni özellikle çok iyi çalışmış.

İkinci bir testte öğrenci odada kalmış ama profesör değiştirilmiş. Bu sefer profesöre gencin öğrenme güçlüğü çektiği söylenmiş. Öğrencinin teste girmek için kapıyı açtığı andan itibaren elektrotlar beyninde bir engellenme algılamış. Yalnızca öğrenciyi enerjisiyle besleyen profesörün önyargısı, öğrencinin beyninde ölçülebilir bir engellenme yaratmış. Elektrotlar aniden beynin daha düşük kapasitede çalıştığını göstermiş. Ve doğal olarak öğrenci bu testte bir öncekine göre daha düşük bir başarı ortaya koymuş.

Önyargılar, hedefi belirlenmiş güçlü inançlardan başka bir şey değildir ve sadece enerji dağılımı yoluyla diğer insanları etkilerler.

Sadece insanlar hakkındaki düşüncelerimizle onlara katkıda bulunabilir veya onları kısıtlayabiliriz.

Diğerleri hakkındaki bu düşüncelerimizin ne kadar güçlü olduğu hakkında seminerlerimde bir alıştırma yaparım. Bu alıştırma hareket biliminin konusudur ve Almanya'daki futbol ligi bu alıştırmayı, oyunculara takım arkadaşları hakkındaki fikirlerinin onlara ne kadar yansıyacağını göstermek için kullanır.

Bu test için birini ayağa kaldırır ve kollarını yanlara doğru açmasını söylerim. İlk önce temel gücü test ederim. Bunun için ben kolunu indirmeye çalışırken o olduğu yerde tutmaya çalışır. O günkü kişinin 'gücüne' bağlı olarak çoğu zaman kolunu indirmeyi başarırım.

Ardından beni göremeyeceği şekilde arkasına geçerim ve diğerlerine o kişi hakkında ne düşünmeleri gerektiğini gösteririm: Eğer başparmağım yukarı doğruysa bu kişi hakkında muhteşem şeyler düşünmeleri, aşağı doğruysa akıllarına gelen en kötü şeyleri düşünmeleri gerekir.

Daha sonra gerçekleşenler her seferinde katılımcıları şoka uğratır: Eğer parmak yukarı doğruysa (unutmayın, ben o kişinin arkasındayım) ve herkes bu insan için iyi şeyler düşünürse kollar olduğu yerde kalır ve ne kadar zorlarsam zorlayayım kolları aşağı indiremem. Ama parmak aşağı doğruysa sadece iki parmağımla kolları aşağı indirebilirim. Güç kaybolur.

Eğer bir kişi hakkındaki düşüncelerimiz olumluysa onu güçlendiririz. Eğer düşüncelerimiz olumsuzsa bu kişiyi güçsüzleştiririz.

Günümüzde bu bilgi sporda sık sık kullanılır.

Almanya Federal Futbol Ligi'nin antrenörü, televizyonda yayınlanan bir programda oyuncuların birbirlerine dair fikirlerinin ne kadar etkili olduğunu gösterdi. Ekip arkadaşları bir oyuncunun bir pası karşılayabileceğine ya da golü atabileceğine inanıyorsa, bu inanç oyuncunun tavırlarında görülüyordu. Sadece diğerlerinin fikrinden hareketle güven ve güç kazanıyordu.

Olumlu önyargıların (örneğin partnerimize ya da çocuğumuza güvenmemizin) o kişi üzerinde performans artırıcı etkisi olabilir. Ama burada kesin bir şey söyleyebiliriz: Taklit bir işe yaramaz. Rezonans alanını kandıramayız. Sadece gerçekten inandığımızda ve diğer insanın kapasitesine ikna olduğumuzda bu etki diğer kişiye ulaşır.

- Eğer çocuğumuza onun gücüne dair güven duygumuzu gönderebilirsek, o da kendi kapasitesine inanacaktır.
- Eğer partnerimizin kapasitesine tamamen güven duyuyorsak, kendi performansına dair güveni artacaktır.
- Eğer sadece güven duyuyormuş gibi yaparsak bunun tam tersini elde ederiz.

Bizi çevreleyen alanı değiştirmek tamamen bizim elimizdedir. Bu alanı zaten düşüncelerimizle etkiliyoruz.

- Kime güven duyduğunuzu düşünün.
- Kimi düşüncelerinizle desteklemek istersiniz?
- Kimi küçümsediğiniz ve o kişiye güvenmediğiniz için engellersiniz?
- Sizi çevreleyen alana bakın. Bu alanın geçirdiği değişime

nasıl katılabilirsiniz? Bu gelişim bilinçsiz beklentilerinizle uyumlu olabilir mi?

İnançlarımız aracılığıyla, bizi çevreleyen alanı düşündüğümüzden daha fazla şekillendiririz.

Sevdiğiniz insanları değiştirmek ister misiniz? Ailenizde uyum ister misiniz? Bu uyumun kurulabileceğine inanın. Bu sevgi enerjisini çevrenize yayın. Çevrenizdekilerin alışıldık davranış kalıplarından daha farklı hareket ettiklerini göreceksiniz.

Diğer insanlar hakkındaki fikirlerinizi değiştirdiğinizde, kendilerine dair başka bir özelliği gösterme şansı elde ederler.

Ama özellikle de size karşı düşünceleri değişir. Çünkü benzer benzeri çeker. Benzer rezonans alanları birbirini tamamlar. Aniden siz de diğerlerinden güven enerjisi almaya başlarsınız.

Daha çok verdikçe daha çok alırız.

Peki, neden önyargıların etkisini bu sefer de olumlu şekilde kullanmayasınız ki?

Olumlu Düşünce ile Dünyayı Kalıcı Olarak Değiştirebilir miyiz?

Eğer yapabileceğimiz her şeyi yapsaydık oldukça şaşırırdık.

THOMAS A. EDISON

Kendi titreşimlerimiz sayesinde diğer insanların rezonans alanlarını iyileştirebiliriz. Peki daha fazlasını yapamaz mıyız? İçimizdeki inançlarımızla sadece kişileri değil de, bir grup insanı etkileyebilir miyiz?

Cevap kesin olarak "Evet!"

Düşüncemiz ne kadar güçlü olduğu ve tüm çevremizi değiştirmek için ne kadar az insana ihtiyaç duyduğumuz, günümüzde geniş çapta açıklanmıştır ve biz de bunlarla ilgili iki örnek vereceğiz.

1979'da Yogi Maharishi Mahesh önderliğinde Kuzey Amerika'da yirmi dörtten fazla şehirde yaklaşık on bin kişi üzerinde bir çalışma gerçekleştirildi. Eğer her toplulukta yaşayanların %1'i transandantal adı verilen belirli bir yoga tekniği gerçekleştirirse, saldırganlık ve suç oranlarında gözle görülür bir düşüş gerçekleştiğini gözlemlediler. Bu yoga içinizde bir huzur deneyimi yaratmayı hedefliyor. Maharishi, katılımcıların yoga pratiğiyle yarattığı bu iç huzurun dış dünyaya da yansıyacağı inancıyla hareket etmişti.

Sonuçlar etkileyiciydi: Toplumun %1'i bu pratiğe katılmakla kalmadı, gözle görülür değişiklikler de gerçekleşti. Çok daha az hırsızlık, gasp ve saldırganlık vakası gerçekleşti, hatta araba kazası oranları bile düştü. Acil servislere bile talep azaldı.

Ve bu sadece tek bir şehirde gerçekleşmemişti. Yirmi dört şehirde de sonuçlar benzerdi. Sonuçlar bilimsel olarak açıklanamasa da görmezden gelinemezdi. Bu etki uzun zamandır 'Maharishi etkisi' olarak anılıyor.

Birkaç yıl sonra 'Ortadoğu'da Uluslararası Barış Projesi' benzer bir çalışma gerçekleştirdi. Şok edici sonuçlar 1988 yılında *Journal of Conflict Resolution* dergisinde yayımlandı.

Bu çalışmada da aynı şekilde insanlar transandantal meditasyon tekniklerini gerçekleştirdiler ve içlerindeki huzuru oluşturabilmek için dua edip meditasyon yaptılar. Ama bu sefer şartlar kıyaslanamayacak kadar zordu. 80'li yılların başında Lübnan ve İsrail şiddeti en üst noktaya taşıyıp gerçekleştirdikleri vahşetle dünyayı şok etmişti. Tam da bu kriz bölgesinde bu çalışmanın yapılması gerekiyordu. Bunun için katılımcıları belirli günlerde ve belirli saatlerde en sorunlu bölgelere götürdüler. Ve sonuçlar şok edici oldu.

Katılımcılar meditasyonlarına gömüldüklerinde ve içlerinde huzur inşa ettiklerinde, suçların ve cinayetlerin sayısı azaldı. Hatta trafik kazaları bile azaldı ve hastanelerin acil servisleri gözle görülür şekilde daha az çalışmaya başladı.

Ama çalışmaya katılanlar meditasyonu kestikleri anda her şey eski haline döndü.

Bu çalışmada sonuçları etkileyebilecek her ihtimal kayıt altına alındı. Bayramlar, haftanın günleri, hatta ayın döngüleri bile dikkate alındı. Deneye suikastların sayısının arttığı günlerde bile devam edildi. Olayların sayısı meditasyon saatlerinde azalıyordu. Sonuçlar o kadar açık ve netti ki, bu alandaki bilim insanları iç huzurun dışarıya yansıması için en az kaç kişinin meditasyon yapması gerektiğini bile hesapladılar.

Bu konuda şaşırtıcı olan, düşündüğümüzden çok daha az insanın bu etkiyi yaratmak için yeterli olmasıydı. Etki etmek istediğimiz nüfusun yüzde birinin kare kökü bunun için yeterliydi. Karmaşık görünse de durum aslında çok basit. 1 milyonluk nüfusu etkileyebilmek için 100 kişi gerekir.

- 1 milyon kişinin yaşadığı bir şehri etkileyebilmek için sadece 100 kişi yeterlidir.
- Yaklaşık 6 milyar kişilik dünya nüfusunu etkileyebilmek için 8000 kişi yeterli olacaktır.

Nüfusun yalnızca küçük bir kısmı içinde huzuru oluşturduğunda, bu huzur çevremize gözle görülecek şekilde yansır. Kuantum fiziği ve biyoenerjiye göre, bu tam anlamıyla açıklanabilir bir konudur. Bu bilim dallarına göre sonuçlar, zaten uzun zamandır tahmin edilenleri göstermektedir. Başka bir deyişle, içimizdeki inançların gücü, bir grup insan bu inancı kabul edip etrafa yaydığında gerçekleşir.

İnançlarımız dünyayı değiştirebilir.

İnançlarımız bunu sürekli gerçekleştirir. Şu anda, şu saniyede bile bu etkinin gerçekleşmesi söz konusudur. Ama neye ikna olmuş haldeyiz? Kaçımız tüm karmaşıklığı, problemleri ve kalabalık nüfusuyla dünya ölçeğinde hiçbir şey yapamayacağımıza inanıyor? "6 milyar kişiye karşı bir kişi ne yapabilir ki?"

Tabii ki ilk başta böyle düşünebiliriz. Hatta bu bize apaçık belliymiş gibi görünür. Ama bunun da sadece bir inanç olduğunu bilmemiz gerekir. Ve inançların dünyayı şekillendirecek gücü vardır.

Son viteste dipsiz uçuruma doğru gittiğimize, şiddetin asla azalamayacağına ve dünyadaki sorunların bizim el atabileceğimizden büyük olduğuna dair genel kanıya dönecek olursak, olumsuz inançlarımızla bile bile bu yönde ilerliyoruz. Teröre ve negatif beklentiye dayanan bir dünyanın inşasına katkıda bulunuyoruz.

- Başkalarının görüşlerini kendiniz için doğru kabul edip kendiniz için geçerli ilan etmeyin, çünkü bu görüş size doğru yayılacaktır. Kendi zihninizle düşünün.
- Eğer dünya için bir önem taşıdığınıza inanıyorsanız, gittikçe bu inanca sahip daha çok kişiyle tanışacaksınız.
- Her zaman şunu düşünün: 1 milyon insanı değiştirebilmek için 100 kişi yeter.

Aynı fikirlerle hareket eden, belli bir saatte ortak bir dilekte bulunan ya da pozitif şeyler düşünen bir grubun ne kadar güçlü olabileceğini internet sitemden ortaya koyabiliriz. Sitede herkesin fikirlerini diğerleriyle paylaşabileceği bir forum bulunmakta. Bir gün katılımcılardan biri üyeler için özel bir gün seçme fikrini ortaya attı, yani herkesin aynı anda isteklerini düşünüp pozitif enerji yayacağı bir zaman belirlemek istedi. O günden beri her cuma günü saat 20:00'de tüm üyeler 'toplanıp' zihinsel olarak bir araya gelirler ve isteklerinin ortak gücünün enerjisini serbest bırakırlar. Ardından neler hissettiklerini ve nasıl bir deneyim yaşadıklarını birbirlerine anlatırlar. Geri bildirimler duygulandırıcı, şaşırtıcı ve muhteşemdir. Hepsi mutlu ve canlanmış hisseder ve hatta dışarıdan gelen bir gücün vücutlarına etki ettiğini duyumsarlar. Bu başlık aynı zamanda sitenin en çok uğranan kısmıdır. Ortak bir bilinç oluşturun ve düşünebileceğinizden daha hızlı ilerleyin.

Yani evet! Sen önemlisin!
Bu dünyada bir şey yap!
Bunun ne olacağına, sadece siz karar verebilirsiniz.

Kumdaki ayak izleri gibi,
geçmişte kalmış bir hayatın izleri de
içimizde yer eder.

Bu izleri uyandıran şeyler
artık uzakta olsa da
izler içimizde kalmaya devam eder.

Bizler de her gün
kendi içimizde, bilinçsizce böyle izler bırakırız.
Ama bunlar bizim düşüncemizi,
hislerimizi ve inançlarımızı etkiler.

Ruhumuzdan gelen izleri silmek yerine, onları
hayallerimizde, özlemlerimizde ve bilinçsiz isteklerimizde
iş işten geçtikten sonra bile canlı tutarız.

Kendi sahnemizde,
partnerlerimizi bizim yazdığımız senaryoyu
oynamaya teşvik ederiz.
Bizi memnun etmese de,
aslında içimizden gelmese de,
bizim dünyamıza uyan bir senaryodur.

Bunlar sadece geride bırakmak istemediğimiz
geçmişin izleridir.

Eski İnançlarımızı Nasıl Değiştirebiliriz?

Dün gerçekleşmiş olabilecekken olmamış olan şeylere, bugün her zaman yeniden başlayabilirsiniz.

BUDA

İstekler gerçekleşmediğinde, çoğu zaman birinciden daha güçlü bir ikinci istek söz konusudur. Bu ikinci istek kesin bir şekilde birinciye karşı çalışır, daha büyük bir güçle sürekli olarak işler. Ters akıntı yaratan bu ikinci istek, çoğu zaman bir şüphe veya içimizde derinlere kök salmış başka bir inanç olarak ortaya çıkar. Sorun yaratan bu inançların çoğu bizden gelmez.

"Çoğu zaman bunlar anne babamızın, dede ve ninelerimizin ya da kardeşlerimizin inançlarıdır. Bazen öğretmenlerimizin, arkadaşlarımızın ya da tanıdıklarımızın inançları da olabilir. Bu, gittiğimiz anaokulundan, okuldan, televizyondan, reklamlardan ya da gazetelerden de geliyor olabilir. Bu çoğu zaman onların fikirleri ve ahlak algılarıdır. Daha doğrusu, hayatımızda öyle ya da böyle önemli bir rol oynamış olan herkes bu inançlar üzerinde etkilidir. Çünkü çok uzun zaman önce, dünyaya geldiğimizde ve düşünmeye başlamamızdan çok önce kim olduğumuz ve bu dünyada nasıl ilerlememiz gerektiği bize kabul ettirilmişti."*

* Pierre Franckh, *Mutlu Olmak.*

Çoğu zaman neyin doğru veya yanlış, neyin güzel veya çirkin, neyin iyi veya kötü olduğu ve ahlak algımız bizim kafamıza sokulmuştur.

Yargılayıp hüküm vermeyi çok erken yaşta öğrendik. Bugün hüküm verdiğimiz şeyler çoğu zaman ailemizin, tanıdıklarımızın, öğretmenlerimizin ve arkadaşlarımızın ahlak ve değerlerine dayanır. Bugün bizim yeniden oluşturmaya çalıştığımız şey aslından onların ilkeleri ve görüşleridir. Ama sadece başkalarını değil, kendimizi de yargılarız ve bu da çoğu zaman ailemizin bizi değerlendirmek için kullandığı ölçütlere dayanır.

Bu da doğal olarak kendimiz hakkında sahip olduğumuz tüm düşüncelerin üzerine eklenir, örneğin: "Bunu asla doğru şekilde yapamam. Asla para kazanamam. Ben tam anlamıyla silik, başarısız biriyim. Yeterince güzel/yakışıklı değilim. Benim için böyle bir şey gerçekleşmez. Hiçbir şeyi yapmayı bilmiyorum. Bundan bir şey çıkacağına inanmıyorum. Diğerleri benden daha iyi, daha akıllı, daha hızlılar."

Bunları veya bunlara benzer şeyleri düşündüğümüzde, bu düşüncelerin gerçeğin kendisi haline gelmeden önce büyüdükleri alanı kimin yarattığını sormamız gerekir.

Bilinçaltında bastırılmış bu eski inanç kalıplarını keşfetmek için onları yazmak çok işe yarar.

- Önce çocukluğumuzda insanların bizi azarlarken durmadan söyledikleri şeyleri – yani negatif anılar olarak sakladığımız şeyleri – yazıyoruz. Çocukluğumuzda duymak zorunda kaldığımız tüm korkunç, aşağılayıcı ve yaralayıcı cümleleri kaydediyoruz. "Bunu nasıl yapacağını bilmiyorsun," "Ben senden daha iyi yaparım," "Hiçbir işe yaramazsın," "Asla evlenemeyeceksin."

- Kendinize zaman verin. Herkes böyle cümleleri duymuştur, sadece onları hatırlayın ve not edin.

Bu liste çok uzun olabilir. Ama endişelenmeyin. Yalnız değilsiniz, herkesin böyle bir listesi var. Bu cümlelerin çoğunun geldiği yer eskiye – belki otuz, kırk, elli yıl öncesine – dayansa da, günümüzde hâlâ ne kadar güçlü olduklarını görüp şaşkınlığa uğrarız. Artık yetişkin ve 'olgun' olsak da tüm hayatımızı etkilemeye devam ederler.

Bu cümleleri yazmamızın sebebi uzun zaman önce gömülmüş ve artık çok geride kaldığını zannettiğimiz şeyleri ortaya çıkarmaktır. Ama biraz daha yakından baktığımızda, içimizde bizi en derinden etkileyenlerin aslında bu ifadeler olduğunu görürüz. Çünkü hâlâ – bazen bilinçsizce – ailemizin düşüncesizce söylediği cümlelerin gerçek olduğuna ikna olmuş haldeyizdir ve hayatımıza bu ikna olduğumuz yetersizliği getirip dururuz.

Ben de böyle cümleleri doğru kabul etmiştim. Doğumumda annem tarafından söylenen cümle onlarca yıl boyunca varlığını sürdürdü. Beni kucağına alıp ilk kez gördüğü anda – daha sonra utanç içinde bana itiraf ettiği gibi – "Sen gerçekten pek de güzel bir bebek değilmişsin!" demiş.

Bu cümle uzun yıllar boyunca benim gerçekliğim oldu ve aşağılık kompleksimi onayladı. Annem kesinlikle kötülüğümü düşünmüyordu ama bu cümle resmen benliğime işledi. Benim gerçekliğim oldu. Daha sonra diğer insanlar beni çekici veya yakışıklı bulduğunda, onlara inanmıyordum. Tam tersine, insanlar çekici görünmediğim için kötü bir karakterim olduğu fikrine kapıldığında, tüm kalbimle bu düşünceyi kabul ediyordum.

Ailesinden aldığı cümleleri gerçeklik haline dönüştüren tek kişi siz değilsiniz.

Listenizi yazarken mutsuz, rahatsız, hatta yorgun ve yıpranmış hissetmiş olabilirsiniz. İçinizde meydana gelen her hissi kabul edin. Tüm bu hislere tutunuyor ve onları çok ama çok uzun zamandır içinizde taşıyordunuz.

- Hayatınızı belirlemiş olan bu cümleleri bir kere listenize yazdığınızda, onları olumlu formüllere dönüştürmeye başlayacaksınız. "Asla yapamazsın," gibi bir cümleyi "İstediğim her şeyi yapabilirim," haline getirebilirsiniz. "Asla evlenemeyeceksin," cümlesinin yerine "Ben bir hediyeyim!" gelecek. "Senin bütün özelliklerin kötü," cümlesinin yerini "Hayatımdaki insanlar bana sahip oldukları için şanslı," cümlesi alacak. "Çok şişmansın," yerine "Kendimi olduğum gibi seviyorum," cümlesi gelmiş olacak.

Bu cümleleri olumluya çevirirken çok derinde bir şey gerçekleşir. Algımız yeniden adapte olmaya başlar. Şu zamana kadar 'doğru' kabul ettiğimiz şeyler için bir alternatifin olduğunu öğreniriz.

"Aksini bize kim söylemişti?" sorusunu sorduğumuzda, bizi azarlayan kişinin de farklı kalıpların esiri olduğunu ve büyük ihtimalle doğrudan bizi hedeflemediğini fark ederiz. O aslında kendini görüyordur. Belki kendi problemlerine takılıp kalmış, yorgun düşmüş ve sabırsızdır; belki partneriyle bir kriz yaşıyordur; belki maddi sıkıntı içindedir ya da dikkati tamamen durumdan kopmuştur.

Yetişkinler – örneğin anne babamız – çoğu zaman kendilerinin çocukken duydukları cümleleri tekrar etmekten başka bir şey yapmazlar. Kendileri büyürken maruz kaldıkları yoldan başka bir şey bilmezler. Bu yüzden bunu doğrudan çocuklarına, yani bize aktarırlar.

Artık bu kısır döngüden çıkabiliriz. Bizi doğrudan hedef almadıklarını, onların biz çocukken yaratıcılığımızın, merakımızın, canlılığımızın ve potansiyelimizin farkında olmadıklarını, kendi yorgunlukları içinde çoğu zaman sadece huzur aradıklarını kabul edebildiğimizde her şey değişecek. Gözlerimizin açıldığı andan itibaren bu cümlelerden uzaklaşmak kolay hale gelecek. Olumlu hale getirilmiş cümleler bize yardım eder.

Şimdi negatif kalıpları değiştirme, anlama ve arkamızda bırakma şansımız var. Bizi bu şekilde azarlayan insanlara karşı hiçbir hınç hissetmemek, hatta bunun yerine bu cümlelerin sahiplerine sevgi ve bağlılık duyguları göndermek çok daha kolay.

- Kendinizi, sizi bu cümlelerle azarlayan insana bu listeyi verip sonra da dönüp giderken gözünüzde canlandırın.

Böyle yaparak bize bu cümleleri aşılamış olan kişinin elinden geleni yaptığını fark ederiz. O kişinin daha iyisini yapma kapasitesi yoktu. Bu, onların iyi veya kötü insanlar oldukları anlamına gelmez. Onlar sadece hataları ve sınırları olan insanlardır. O zamanlar daha iyisi ellerinden gelmemiştir.

Hırsa ve öfkeye tutunmaya devam ettiğimiz sürece, ne negatif kalıplardan ne de negatif düşüncelerden kurtulabiliriz.

Bu yüzden en iyisi olumlu cümlelere yoğunlaşmaktır.

- Bu olumlu bağlantıdan yayılan gücü ve neşeyi hissedin. Kendinizi onunla bütünleştirin ve böylece negatif cümlelerin alanınızı ve hayatınızı terk ettiğini fark edin.
- En etkili olan, yazdığınız cümleleri yaktığınız bir ritüel gerçekleştirmektir.
- Bunu yaparken eski kalıpları arkanızda bıraktığınızı ve onların artık geçerli olmadığını hissedin. İçinizde terk edilmekle ilgili tüm duyguları hayatınızdan çıkarın.
- Geriye kalan boşluğu olumlamalarınızla doldurun. Bunlara odaklanın.
- Onları yüksek sesle ve açıkça söyleyin. Onların yeni inançlarınız olmasına izin verin. Kendi gücünüzü ne kadar çok hissederseniz, istediğiniz rezonans alanına o kadar çabuk ulaşırsınız.

Hayatımızı çoğu zaman bir gün içerisinde değiştirebiliriz. Önemli olan, bu yeni deneyime zaman ve mekan açmaktır. Yeni inançlarımızı, onlar bilincimizde derinlemesine kök salana kadar tekrar etmemiz gerekebilir.

Değişim çoğu zaman beklediğimizden daha çabuk gerçekleşir.

Seminerime katılanlardan biri benimle iletişime geçti ve eski cümle kalıplarını yaktıktan ve yerine pozitif olanları koyduktan sonra hayatının bir günde değiştiğini söyledi. Onun kalıp cümlesi, aşkı ve kendisine yumuşak ve sevecen davranılmasını hak etmediğiydi. Bu yüzden de kendini, kocasının tamamen bunları yansıttığı, şefkatten uzak bir evlilikte bulmuştu.

Bir sonraki gün gözleri parlayarak anlatmaya başladı. Bir önceki gün enerji açısından fark ettiklerini kocasına söylemeden kocası yanına gelip o gece onu kollarına almış, hiç soru sormadan sıkıca sarılmış ve ağlamaya başladığında bile bırakmamıştı. Ve bir sonraki gün kocasının kollarında uyanmıştı.

Rezonans alanımızı değiştirdiğimizde bütün çevremiz değişir. Çoğu zaman başka bir söze ihtiyaç duymayız. Kendi rezonans alanını, enerjini ve titreşimini değiştirmek çok daha etkilidir. Bunu yaparak sadece kalıplarımızı yok etmekle kalmayız, aynı zamanda etrafımızdakilerin davranışlarını da etkileriz. Ve birden bir mucizenin meydana geldiğini düşündürtecek kadar büyük bir hızla içinde bulunduğumuz durum değişir. Ama gerçekte mucizelerin olmadığını biliriz. Bu olayın arkasında, değişmek için ortaya koyduğumuz isteğimiz ve cesaretimiz bulunur.

Bağışlama Demek Yeni Bir Başlangıç Demektir

Sadece yaptıklarımızdan değil,
yapmadıklarımızdan da sorumluyuz.

LAO-TZU

Birçok insan, "Bir kere olan bir şeyi geride bırakmak kolay değil," der. İtiraf edelim, bu doğru. Ama çoğu zaman tek bir özelliğimiz bizi eski şeyleri arkada bırakmaktan alıkoyar: Affetme konusundaki yetersizliğimiz.

Öncelikle, bizi yaralamış insanları ne affedebiliriz ne de affetmek isteriz. Sadece bu sebepten dolayı, huzur içinde geçmişi arkamızda bırakamayız. Bizi cezalandıran herkesin bunun bedelini ödemesini isteriz. Ama kötü haber şu: Bu olmayacak. Sonuçlara katlanan bir tek biziz.

Affetmedikçe, kendi hayatımızı yaşamamıza engel oluruz.

Bu iyi veya kötü değildir. Hiç kimse bizi başka birini affetmek zorunda bırakamaz. Ama bu yüzden duygusal anlamda büyük bir bedel öderiz.

Örneğin, incindiğimiz zamanları ve başımıza gelen haksızlıkları sık sık düşünürsek onları arkamızda bırakamayız ve bu benzer yaralardan ve haksızlıklardan dolayı acı çekmeye devam ederiz, çünkü Rezonans Kanunu'na göre onları düzenli olarak hayatımıza çekeriz.

Bu haksızlık gibi görünebilir ama bize bu kadar kötü davranan kişinin bir bedel ödemesini istesek bile, bu yaraların acısını sadece biz çekeriz.

Büyük ihtimalle affedemediğimiz bu kişi çoktan konuyu kapatmıştır. Belki de her şeyi unutmuştur, yeni bir hayata başlamıştır ve çok mutludur.

Arkamızda bırakamadığımız üzüntüye ve intikam açlığına tutunduğumuzda bunun bedelini bir tek biz öderiz. Bu rezonans alanının esiri oluruz ve bizi çevreleyen alan da bu şekilde işler.

Dünya bize haksız bir yer gibi görünür. Belki de dünyanın güzel bir yer olmadığını düşündükçe daha çok haksızlıkla karşılaşırız. Belki de o kadar çok üzücü hikaye dinledik ki sadece bizim hayatımızın değil, diğerlerinin hayatının da hep aynı yoldan gittiğine dair bir inanca kapıldık. Aynı düşünce yapısında bir sürü insan bulabildik, çünkü... Benzer benzeri çeker.

Sonuçta hangi rezonans alanını, yani hangi dünya algısını kurmak istediğimize karar vermek tamamen bize kalmıştır.

Yıllar boyunca – hatta bazen ömürleri boyunca – bir şeyleri unutup arkada bırakamayan insanlar tanırız. Bazen bu insanların affetme konusunda ne kadar yetersiz olduklarını bile okuyabiliriz. Uzun süreli keder, yüzlerine izler kazımıştır. Çoğu zaman bu kişiler artık karşılarındakinin duymak bile istemediği aynı konuları tekrar tekrar anlatırlar. Bu insanları hepimiz tanırız, gittikçe kendilerini dünyadan daha çok soyutlar ve daha yalnız hale gelirler. Çoğu zaman düşüncelerine hastalıklar eklenir.

Bu insanlardan birine mi dönüşmek istersiniz?

Evet, tamam size kötülük yaptılar. Belki bu çok haksız ve aşağılık bir şeydi, sizi derinden yaraladı ve kötücül bir hareketti. Peki bu insana hâlâ – bugün ve hayatınızın sonuna kadar – varlığınız üstünde böylesine büyük bir güç vermek istiyor musunuz?

Affetmek her zaman kendimizde göreceğimiz bir şeydir. Biz affetmediğimizde ilerlememeye karar vermiş oluruz. Kendi kendimizi durdurur ve diğerlerine hayatımız üzerinde güç vermiş oluruz. Belki bu insanlar çoktan öldü veya başka partnerlerle mutlu hayatlar yaşıyorlar. Uzlaşmaz olanın tuzağına düşen sadece biz olabiliriz.

Başkalarını affetmediğinizde, hayatınız üzerinde hep güç sahibi olurlar. Gerçekten istediğiniz bu mu?

Kendi kendinizi affetmediğiniz ve yaralarınızı geride bırakmadığınız sürece, hayatınızda hiçbir mükemmel deneyim gerçekleşmeyecektir. İntikam ve üzüntü rezonansında tutsak olacaksınız ve hayatınıza sadece benzer olaylar çekeceksiniz.

- Bu yüzden belli bir yas döneminden sonra (bu doğaldır çünkü sadece yas döneminden sonra ilgili izleri arkamızda bırakabiliriz) hayata geri dönüp gelişebilir, yeni bakış açıları kazanabilir ve geçmişteki olaylara güç vermeyi bırakabiliriz; yoksa geçmiş, şimdiki hayatımızı belirler.

Bazen bu yaralar onlarca yıl hayatımızda kalır, ilk sebeplerini bile unuturuz ama orada kalan duyguya her zaman kenetleniriz. Çoğu zaman bu hisler karışık ve anlaması zordur. Bu aşamada hayatımız boyunca bize acı vermiş yaraları tekrar hatırlamak yardımcı olabilir. Bunun da en iyi yolu liste hazırlamaktır.

- Size zarar vermiş tüm yaralarınızı yazın. Bloke edilmiş büyük bir enerjinin sadece yazarak ortaya çıktığını görürseniz şaşırmayın. Tekrar öfkeye ve üzüntüye kapılabilirsiniz. Bunları kabul edin ve yargılamayın.
- Her ayrıntıyı yazın. Belki bunlar başkaları için önemsiz olabilir ama sizin için büyük önem taşıyor.
- Kendinizi sınırlamayın. Ortaya çıkan her şeyin bir sebebi var.
- Kendinize zaman tanıyın. Belki bunu yapmak için birkaç güne daha ihtiyacınız var. Bununla ilgilenmeye başladığınızda belki uzun zamandır zihninizde tıkalı olan kanallar bile açılacaktır.
- Herkesin sayısız yarasının olduğunu unutmayın. Bu konuda yalnız değilsiniz.
- Şimdi listeniz hakkında sakince düşünün. Birçok şey belki de çok uzak ve arka plandaymış gibi görünecek. Bazılarını neredeyse unutmuş olacaksınız. Fakat özellikle de bunları arkada bırakamadığınızı ve hayatınızın onlara göre şekillendiğini fark edeceksiniz.
- Şimdi kendinize şu soruyu sorun: Bu listedeki kimlere hayatınız üzerinde güç vermek istersiniz? Ve sizce kim arkada bırakma gücüne sahip?
- Veda etmek istediğiniz olayların ve insanların üstünü çizin. Veda etmek özgürleşmektir. Her affediş yeni bir başlangıca zemin hazırlar.

- Hangi temalara hâlâ bağlı kalmak istediğinize karar verin. Dürüst olun. Bağlı kalmaya devam etmek akıl dışıdır. Rezonans alanını kandıramayız.
- Affedebildiğiniz herkesi ya da her olayı listeden silin. Makasla onları kesip atın.
- Tüm kağıt şeritlerini yanmayan bir yüzeye koyun ve yakın. Buradaki herkese size verdikleri dersten dolayı teşekkür ettiğinizi hayal edin. Onları hınç hissetmeden hayatınızdan çıkardınız. Bu deneyimin farkına varın. Bu deneyimden, daha olgun ve bilinçli şekilde çıktınız. Büyük bir sevgi ve şefkatle, 'eşlik ettiğiniz' kişilere veda edin ve harika bir hayat dileyin.
- Bu düşünce sizi özgür kılar, siz nefes aldıkça içinizde yeni alanlar açılır.
- Bu yeni bilinçle uyuyun.

İlerleyen günlerde eğer geçmişten bir kişi karşınıza çıkarsa şaşırmayın. Diğerleri, enerji yoluyla hayatınızdan çıkarıldıklarını hemen hissedecektir. Bunu çalışmanızın işe yaradığına dair iyi bir işaret olarak alın. Hem böylece listenizdeki diğer kişilere de veda etmek isteyebilirsiniz.

Bunları ne kadar hızlı arkada bırakırsanız, rezonans alanınız da o kadar hızlı değişir ve şimdiye kadar fark etmemiş olduğunuz etkiler ve teklifler size gelmeye başlar. Size alışılmadık ve yeni görünse de bunlara şans verin. Sonunda yeni yollara koyulma imkanına sahipsiniz. Bu yollar da daha farklı yollara açılacaktır.

Geçmişi Değiştirmek

Kim geleceği okumak isterse,
geçmişin yapraklarını karıştırması gerekir.

ANDRE MALRAUX

Birçokları geçmişin değiştirilemeyeceğini iddia eder. Fakat geleceğimiz büyük oranda geçmişimizden doğar. Bu yüzden geçmişimizin üstünde birazcık bile etkimiz olacak olsaydı, bu çok iyi olurdu.

Kuantum fizikçileri bunu yapabileceğimizi söyler ve sonuçları çok etkileyici bir şekilde ortaya koyar. Burada bu sorunun küçük bir yanına değineceğim.

Aslında uzun zamandır geçmişimizi nasıl değiştirebileceğimizi ve yeni, güzel bir gelecek yaratabileceğimizi biliyoruz. Başka bir deyişle, bunu kalıcı olarak bile gerçekleştiriyoruz. Ama maalesef çoğu zaman geçmişimizi olumsuz yönde değiştiriyoruz ve böyle yaparak geleceğimizi de olumsuz etkiliyoruz.

Bu nasıl mümkün olabilir?

Hepimizin bildiği gibi, tek ve kesin bir gerçeklik yoktur. Sadece öznel bir gerçeklik vardır. Bu yüzden hepimiz tamamen aynı olayı zihnimize farklı şekillerde kaydederiz. Napolyon Bonapart "Tarih, birçok kişinin üstünde karar kıldığı bir yalandır," der. Bu yüzden anılarımız kendi kendimizle anlaşıp oluşturduğumuz geçmişin öznel bir algısına dayanır. Bunun somut gerçeklikle alakalı olması gerekmez. Çoğu zaman sahneler zihnimizde biz onları öznel olarak işlediğimiz için o şekilde akar. Bazen hayatımızın bazı alanlarında yaralanmış, aşağılanmış, reddedilmiş hissedebiliriz ve bundan dolayı diğer her şeyi farklı şekilde yargılayabiliriz.

Günlük tutanlar olayın ardından bu deneyimi yaşarlar çünkü bir olaya dair anı bile onu yazdığımızda değişir. Bazen geçmişi süsler, bazen de olduğundan farklı görmek isteriz.

Anımız hiç durmadan olayı anlattığımızda da değişir. Olay günden güne daha farklı bir renk alır. Başkalarına anlattığımızda daha renkli ve güzel hale gelir. Dediğimizi sandığımız cümleler ekleriz, araya zekice argümanlar ve akıllıca hareketler karıştırırız ve gittikçe küçük bir kahramana dönüşürüz. Belki de negatif şeyleri olduklarından daha dramatik renklere boyarız.

Böylece günbegün geçmişimizi ve kendi kişisel hikayemizi bilinçsizce değiştiririz çünkü zamanla kendi sözlerimize ve geçmişe dair kendi versiyonumuza inanmaya başlarız.

Anılarımızın bu değiştirilmiş haliyle bugün kendimizi tanımlarız ve rezonans yaratırız. Bunu kabul ederiz ve yavaş yavaş kendi gerçekliğimiz olmasına izin veririz. Tamamen insani olan bu davranış, geleceğimiz için büyük öneme sahiptir.

Princeton'da fizikçi olarak çalışan ve Albert Einstein'ın meslektaşı olan John Wheeler, bir şeyleri sadece gözlemleyerek onların davranışlarını değiştirebileceğimizi belirtmiştir. Sadece gözlemin bile yaratıcı bir etkisinin olduğu sonucuna varmıştır.

Bu şaşırtıcı değil. Aklımızdan geçen her şey için önyargıya dayalı bir fikrimiz, duygumuz ya da inancımız var. Gelişiyoruz. Ve sadece bu bile dünyayla iletişim kurduğumuz rezonans alanlarını yaratmak için yeterli.

Hayatımızı, performansımızı, kariyerimizi, en büyük başarı ve başarısızlıklarımızı, partnerlerimizi ve ilişkilerimizi, kazanç ve kayıplarımızı düşündüğümüzde bir yandan geçmişi doğuran inançlarımızın aynasını görürüz. Öte yandan geçmiş olayları yargılayarak ve değerlendirerek aynı anda yeniden yaratırız.

Geçmişi düşünerek geleceği değiştiririz.

Geçmişi bilinçli şekilde gözden geçirdiğimizde bu yaratıcı süreci yeniden başlatmış oluruz. Başka bir deyişle, geçmişi zihinsel olarak değiştiririz.

Örneğin zor durumların güçlü noktalarını bilinçli bir şekilde hatırlayabiliriz: Ne öğrendik? Hangi tarafımızı güçlendirdik? Bu olay önümüzde hangi yeni yolları açtı? Eğer geçmişte her şey farklı gerçekleşseydi, şu anda sürdüğümüz hayatı sürebilir miydik? Bu güce ve dayanıklılığa sahip olur muyduk?

Atlattığımız krizler ve dramlar sayesinde şu an olduğumuz mükemmel insan haline geldik. Geçmişte çoğu zaman gözümüzü açan ve bizi cesurca gidebileceğimiz başka yollara götüren şeyler, bu dramlar ve yenilgilerdir.

Yenilgilerin olmadığı bir hayat söz konusu değildir. Sorunların ve zorlukların olmadığı bir hayat, sadece hayallerde gerçekleşebilir.

Hayat önümüze birçok engel çıkarır. Ama biz genelde o şekilde düşünsek de engeller sadece negatif değildir. Engeller bizim daha güçlü olmamızı sağlar. Sadece birçok sorunu çözüp birçok krizi atlatmış olan kişi yeni meydan okumaları sakin ve emin bir şekilde karşılar ve onları kolayca atlatır.

Geçmişteki krizler bizim için büyük bir potansiyel yaratır.

Kriz anlarında eski yaralara takılıp kalmamak, aksine potansiyelimizden yararlanacağımız bir sonuç çıkarmak için düzgün düşünmemiz gerekir.

Sadece kendi geçmişimizi, yani küçük başarı hikayemizi değiştirerek bunları yapabiliriz. Bu hikaye yalana değil, gerçeğe dayanır. Biz bunu yaptık. Muhteşem, sıra dışı, harika bir kişiyiz çünkü başa dönsek bile yeniden başlayabiliyoruz ve gelişmeye devam edebiliyoruz. Hayatımızı bu şekilde düşündüğümüzde, her seferinde kendimizi geliştirmeye devam ettiğimizi fark ederiz.

Ve birden bu fırsat önümüze serilir. Hayatımızın başarısıyla rezonans haline gireriz. Yani potansiyel başarımızı evrene göndeririz ve – Rezonans Kanunu'na da uyumlu şekilde – başka başarıları hayatımıza çekeriz.

Hayatımız geçmişi düşündüğümüz şekilde değişir.

- Geçmişinizde yaşadıklarınızla hangi özellikleri kazandığınızı düşünün.
- Güçlü noktalarınızı, krizleri atlatmak için neler yaptığınızı düşünün.
- Bu size hangi yeni yolları, hangi yeni özellikleri getirdi?
- Hayatınızda hiç yenilgi olmasaydı ne olurdu?
- Sizi güçlü kılan şeylerin listesini yapın.
- Kendi başarı hikayenizi yazın. Hayatınızın muhteşem hi-

kayesini yazın. Bu hikayenin kahramanı sizsiniz. İmkânsız görünen o kadar şeyi başardınız ki gelişmeye ve büyümeye devam ettiniz. Engelleri aştınız, problemleri çözdünüz.

- Kendinizle gurur duyun.
- Başarı hikayenizi aklınıza gelen fikirle mükemmelleştirin. Bununla ilgilenin.
- Başarı hikayenizle ne kadar ilgilenirseniz sizi başarıya götürecek olan kişinin rezonans alanı da o kadar genişler. O kişi de sizsiniz!

Geçmiş, özellikle de onu nasıl ele aldığımıza göre değişime açıktır. Geleceğimiz geçmişimizi düşündüğümüz şekilde oluşur. Bu bilince ulaşmaktan elde ettiğimiz kazanç, karar alma gücümüzde yatar.

- Tam şu anda yeni bir rezonans alanı yaratmaya odaklanın.
- Bu güç sizin içinizde yatıyor ve her zaman içinizdeydi. Belki de şu ana kadar sadece uyudu ve sizin onu uyandırmanızı bekledi.

Eğer kendinizi gerçek isteklerinizle
rezonans halinde bulursanız,
onlarla savaşmanıza ya da
büyük bir güç ortaya koymanıza gerek yoktur.
Rahatlık ve şansın yardımıyla
bunu gerçekleştireceksiniz.
Kendi bolluğunuzun içinde koruma altındasınız.
İçinizde yatan tam olarak budur.

Kendinizi Çok Yıpratmayın

Önümüzdeki ve arkamızdaki
her şey içimizdekilerle aynı oranda değildir.
Dış dünyaya içimizdekileri
çıkardığımızda mucizeler gerçekleşir.

HENRY DAVID THOREAU

Aşırı derecede çalışıp bitap düşmemek için 'yeni hayatınıza' dikkatle ve nazik bir şekilde sabırla başlayın. Hedeflediğiniz değişime adım adım ilerleyin.

Öncelikle size en kolay gelen projelerden başlayın çünkü böylece daha fazla adanmışlık gerektiren projeler için cesaret toplarsınız. Hedeflerinizden asla vazgeçmeyin ama kendinizi de onlara saldırmak zorundaymış gibi hissetmeyin. Gelecek projelerinize dair içinizdeki canlılığı koruduğunuzda, hiçbir şeyi zorlamanıza gerek kalmadan ihtimaller önünüzde belirecektir. Kapılar açılır ya da yanınızda size projelerinizde yardım edecek insanlar belirir. İsteklerimizle rezonans halinde olduğumuzda tabii ki kararlar alıp yeni yollara koyulmaya cüret edeceğiz ama bu eskiye kıyasla çok daha kolay hale gelecek. Bir anda her şeyi değiştirebileceğine inanan kişi – henüz tam olarak istekleriyle bütünleşmediğinden ve değişen rezonans alanlarını bilinçli şekilde koruyamadığından – bitkin düşebilir.

Doğal olarak her şeyi hayatımıza çekerek her şeye ulaşabiliriz ama hedefimiz her zaman bize mutluluk getirmeyebilir. Bazen tam olmamız gerektiği kadar sorumluluk sahibi olamayabiliriz; aşağılık kompleksi ya da sevilmediğimiz hissi mutluluğumuza ket vurabilir. Ama adım adım ilerlersek hedeflerimizle birlikte biz de büyürüz. Yoluna koyduğumuz değişimlerle birlikte, şimdiye kadar imkansız olduğunu düşündüğümüz konularda beklediğimizden daha hızlı şekilde kendimizi geliştirmeye devam ederiz. Ama en önemlisi mutlu oluruz. Hem o yolda ilerlerken hem de hedefe ulaştığımızda mutlu olabiliriz. Hedefe ulaştığımızda yeni projeler buluruz çünkü bu sürede gelişmeye ve daha büyük ve daha heyecan verici yeni hedeflerin yollarında ilerlemeye devam edebileceğimiz fırsatlar keşfederiz.

Her zaman, hiç durmadan hareket halindeyiz. Hayatımızda gerçekleşeceği kesin olan tek şey değişim.

Ama hayatımızda değişimleri etkileyebilir ve yönetebiliriz. Tıpkı araba kullanırmış gibi, sonuçta çıktığımız yol bizi sadece hedefimize değil, mutluluğa da ulaştırır. Aksi takdirde yolculuk boyunca acı çekiyor olurduk.

Ama eğer izlediğimiz yoldan zevk alırsak ve varlığımızı istediğimiz yöne sürerken güven duyarsak, hayatımızı istediğimiz yöne bilinçli bir şekilde yönlendirebiliriz.

- Hayatınızda neyi değiştirmek ya da geliştirmek istediğinizi çok net bir şekilde ortaya koyabilmek için, hayatınızda gerçekleştirmek istediğiniz her şeyin listesini yapmak çok faydalıdır.
- Her şeyi büyük ölçekte düşünün! Hayatınızda gerçekleştirmek istediğiniz hedeflerin 'zorluğu' ya da 'imkansızlığıyla' kendinizi sınırlamayın.

- Her şeyi o kadar ayrıntılı ve kesin bir şekilde yazın ki içinizde onların imgeleri belirsin.
- Hayatınızdaki en büyük ivmeyi bulun.
- Döngüler halinde düşünün: On yıl içinde nerede olmak istiyorsunuz? Peki ya yirmi yıl içinde? Kendinize hayal edebileceğiniz en güzel hedefleri koyun.
- Uzun vadede koruyabildiğimiz rezonans alanı çok büyük bir güç oluşturur. Uzun vadeli etkileri düşünün!

En derin korkumuz,
yetersiz olmamız değildir.
En büyük korkumuz,
sonsuz güce sahip olmamızdır.
Kendi karanlığımızdayken
kendi ışığımızdan şüpheye düşeriz.

Kendimize sorarız: "Ben kimim ki
ışıl ışıl, coşkulu, sevilen ve harika biri olayım?"

Siz Tanrı'nın bir çocuğusunuz.

Eğer kendinizi kısıtlarsanız, bu dünyanın işine yaramaz.
Eğer etrafınızdakiler güvensiz hissetmesin diye
kendinizi küçültürseniz
bunun aydınlanmayla hiçbir ilgisi olmaz.

İçimizdeki Tanrı'nın
ihtişamını gerçekleştirmek için doğduk.
O, sadece içimizden bazılarında değil,
her insanın içinde yer alıyor.

Kendi ışığımızın parıldamasına izin verdiğimizde
bilinçsizce diğer insanlara da
aynı şeyi yapmaları için izin veriyoruz.

Kendi korkumuzdan kurtulduğumuzda
bizim varlığımız, müdahalemiz olmadan
diğerlerini özgürleştirecek.

Nelson Mandela, Güney Afrika Eski Başkanı,
1994 tarihli başkanlık konuşması

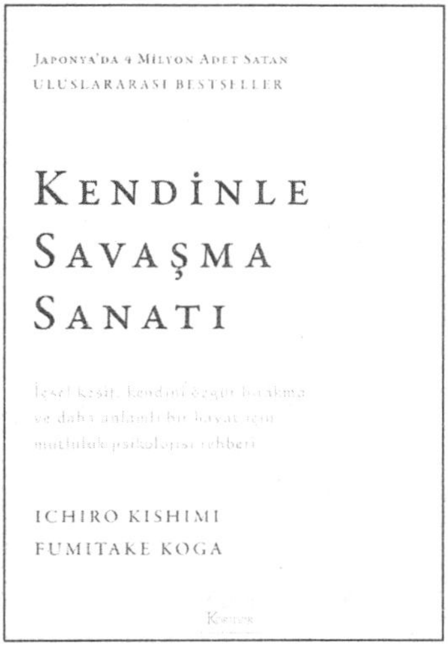

Bir filozof ve genç bir adamın, Freud ve Jung'la birlikte on dokuzuncu yüzyılın en önemli isimlerinden Avusturyalı psikoterapist Alfred Adler'in önünü açtığı yolda deneyimledikleri beyin fırtınası, Japonya'da milyonlarca insanın hayatını değiştiren bir fenomene dönüştü ve şimdi de size duygularınızdan korkmadan yaşamanız, geçmişin zincirlerini kırarak özgürleşmeniz ve kendiniz olmanın önündeki en büyük engele yani kendinize karşı savaştan galip çıkmanız için gerekli strateji ve felsefeyi sunuyor.

İkili arasında geçen diyaloglarda, kendi içinize dönüp cevaplamak isteyeceğiniz ve her cevapta gerçek 'siz' olmaya yaklaşacağınız soruların olduğu bu kitapla, artık rüzgarın önüne kattığı başıboş savrulan bir yaprak gibi hissetmeyecek, kendini tanımanın sonsuz okyanusundaki değerli sırra erişerek yaşam bilgeliğini kavrayacaksınız.

Kendinle Savaşma Sanatı